VOYAGE A ROME

EN JUIN 1862

C.

Corbeil, typ. et stér. de Crété.

VOYAGE A ROME

EN JUIN 1862

PAR

L'ABBÉ ROMPANT

Vicaire à Saint-Nicolas-du-Chardonnet,

ET DIRECTEUR DU PETIT SÉMINAIRE.

LIBRAIRIE CATHOLIQUE DE PERISSE FRÈRES

(NOUVELLE MAISON)

RÉGIS RUFFET ET Cie, SUCCESSEURS

PARIS	BRUXELLES
38, RUE SAINT-SULPICE	PARVIS SAINTE GUDULE, 4

LYON (ANCIENNE MAISON), RUE MERCIÈRE, 49.

1863

DILECTO FILIÖ

HIPPOLYTO ROMPANT

Presbytero Lutetiam Parisiorum.

Dilecte fili, salutem et apostolicam benedictionem.

Qui tuus sit ergà Nos sanctamque hanc Petri sedem plenus fidei, devotionis ac pietatis animus luculenter in litteris tuis perspeximus, superiore anno datis. Consolamur equidem hoc tristissimo tempore, in concordi fidelium alacritate, qui Nobis in tribulatione adesse, et officiis omnibus infirmitatem Nostram juvare magnoperè contendunt. Perge autem, dilecte fili, Dominum omnipotentem obsecrare, ut Nos suâ cœlesti protectione muniat ac tueatur, atque splendidum citò tribuat Ecclesiæ suæ sanctæ triumphum. Et pignus Nostræ in te charitatis, habeas Nostram benedictionem apostolicam, quam, cœlestis præsidii auspicem, tibi effuso paterni cordis affectu peramanter impertimur.

Datum Romæ apud S. Petrum, die 16 octobris 1861. Pontificatûs nostri anno XVI.

PIUS PP. IX.

A NOTRE CHER FILS

HIPPOLYTE ROMPANT

Prêtre à Paris.

***

Fils bien-aimé, salut et bénédiction apostolique.

Nous avons remarqué l'attachement plein de foi, de dévotion et de piété dont vous êtes rempli envers Nous et ce saint siége de Pierre, attachement exprimé avec tant d'élégance dans votre écrit daté de l'année précédente. Notre cœur éprouve certainement de grandes consolations, dans ce triste temps de calamités, en voyant avec quel empressement unanime les fidèles s'efforcent, le plus qu'ils peuvent, à Nous assister dans la tribulation et à venir en aide à Notre faiblesse. Continuez donc, fils bien-aimé, à implorer le Seigneur tout-puissant, afin que sa divine protection Nous fortifie et Nous défende, et qu'il accorde bientôt à la sainte Église un triomphe éclatant. Et, pour gage de l'amour que Nous vous portons, recevez Notre bénédiction apostolique, heureux présage du secours céleste, que Nous vous donnons avec toute l'affection et la tendre effusion d'un cœur paternel.

Donné à Rome, près Saint-Pierre, le 16 octobre 1861, la seizième année de notre pontificat.

PIE IX PP.

PRÉFACE

A notre retour de Rome, après la grande et mémorable fête de la canonisation des martyrs japonais, le vif intérêt que parurent prendre nos amis au récit des événements dont nous avions été les témoins, et l'admiration qu'ils manifestaient lorsque nous leur faisions part des émotions que nous avions ressenties, nous ont porté à faire un exposé de tout ce que ce voyage nous a laissé de souvenirs. En présentant au public ce petit ouvrage, notre ambition n'est pas de faire une œuvre d'éloquence, mais simplement un exposé fidèle et consciencieux sur des faits d'un haut intérêt pour tout chrétien, et qui sont de nature à augmenter de plus en plus son attachement à la cause catholique.

On ne s'étonnera pas si, au milieu de tant de merveilles que nous avons été à même d'admirer et dont il nous est doux de faire le récit, il en est une sur laquelle je me plais davantage à revenir : je veux parler de la personne du Saint-Père. N'est-ce pas, en effet, ce qui ressort le plus dans Rome que cette merveille vivante ? Que serait Rome avec toutes ses antiquités, ses temples, ses musées, ses souvenirs glorieux, sans la personne de celui à qui il a été dit : *Tibi dabo claves regni cœlorum :* « Je te donnerai les clefs du royaume des cieux. » *Pasce agnos meos ; pasce oves meas :* « Pais mes agneaux ; pais mes brebis. » Oui, le très-saint Père, c'est là la grande figure qui frappe le plus, et que les étrangers ambitionnent de voir et de contempler tout d'abord, dès qu'ils mettent le pied dans la ville éternelle. Il nous a été donné de le voir de près plusieurs fois, dans diverses audiences, et de recueillir les paroles de foi et d'amour qui tombaient de ses lèvres, et je crois satisfaire au vœu de mes lecteurs en leur faisant part des émotions que j'ai ressenties devant le représentant de Dieu sur la terre.

N'est-ce pas un bonheur, j'ose même dire un devoir, pour tout catholique qui a été à Rome pendant ces jours, qui a été témoin des grandes scènes dont cette ville fut le théâtre, qui a pu voir et entendre le Saint-Père, de rendre un éclatant témoignage de son amour pour le Souverain Pontife et pour l'Église, dans un temps où l'impiété fait une guerre si acharnée à tout ce qu'il y a de plus saint et de plus respectable, où les méchants ne se contentent pas d'attaquer nos croyances et de nier nos mystères, mais se permettent de calomnier le Pasteur suprême, s'efforcent d'affaiblir son autorité sainte en peignant sa personne et son caractère sous des couleurs capables de lui retirer, s'il était possible, l'amour de ses enfants ? Oui, certes, il est nécessaire que tous ceux qui ont le zèle de la loi élèvent la voix bien haut en faveur de la bonne cause, il est nécessaire que tous ceux qui ont vu de leurs yeux ce qui se voit à Rome, jettent un démenti formel à tant d'écrits fallacieux qui s'efforcent de la dénigrer sans cesse.

Les méchants, trop fidèles à la tactique d'un de leurs principaux coryphées, qui disait sans cesse : *Mentons, il en restera toujours quelque chose* (1), ont employé le mensonge ; ils ont

(1) Voltaire.

fabriqué des fables ; ils ont calomnié Rome, son gouvernement, ses institutions, son clergé, ses citoyens mêmes. Quant à nous, nous rapportons simplement ce que nous avons été à même de voir et d'entendre à Rome, sans taire le mal, lorsque mal il y a, mais sans voir le mal là où il n'est pas.

J'avoue que je ne comprends guère la bonne foi des hommes de notre pays, qui prennent parti pour la révolution italienne contre le Pape dans une question où, d'un côté, se trouve la violation de toute équité, l'abandon de tous les principes, et, de l'autre, la défense de ces mêmes droits ; et j'admire cette parole du vice-roi d'Égypte qui, tout musulman qu'il est, écrivait en ces termes au Saint-Père et à la cour de Rome : « En vérité, je vous admire à Rome ! Vous êtes la faiblesse même, et vous êtes les seuls qui montriez de la fermeté ! Vous ne disposez d'aucune force matérielle, et il n'y a que vous en Europe qui défendiez la cause de la justice, du bon droit, de l'honneur et de la vérité. »

Si, en effet, l'Église n'était pas là de nos jours pour défendre le droit sur la terre et pour s'opposer comme une barrière invincible au débordement de l'iniquité, qui se chargerait de le faire, et que deviendrait la société ? que deviendraient tous les trônes, malgré la force matérielle dont ils disposent ? Heureusement l'Église est là, elle qui ne peut être vaincue par aucune puissance, comme l'exprime saint Chrysostome dans un temps où toutes les puissances de l'enfer et du monde étaient réunies pour l'attaquer : *Christi Ecclesia nihil fortius :* « Rien n'est plus fort que l'Église du Christ..... » *Ecclesiam vincere nulla vis poterit :* « Aucune force ne pourra vaincre l'Église (1). »

Il est certain que de nos jours l'Église peut être appelée à passer par de rudes épreuves : *Ecclesia tempora sua habet persecutionis et pacis :* « L'Eglise a ses temps de persécution et ses temps de paix (2) ». Le Saint-Père répondait à un évêque qui lui disait qu'il priait sans cesse pour l'Église et pour lui, et qu'il prenait part surtout à ses inquiétudes pour le temps présent. « Je

______

(1) Saint Chrysostome, *Homilia cùm de ejus expulsione ageretur.*

(2) Saint Ambroise, lib. IV *Hexam.*, cap. ii.

suis parfaitement tranquille sur le sort de l'É-
glise et du Saint-Siége ; la barque de Pierre a
les promesses divines, elle ne sombrera pas ; je
n'ose répondre qu'elle n'aura pas à essuyer quelque grande tempête ; il pourra même se faire
que le pilote périsse, et plusieurs de ses compagnons avec lui ; mais pour elle, elle sera sauvée. »

Et n'est-ce pas à cause de ces imminents périls auxquels de notre temps la barque de Pierre
est exposée, qu'au premier signe du Saint-Père
les évêques du monde entier se sont empressés
d'accourir à Rome, excités par un mouvement
généreux d'amour filial envers le successeur de
Pierre et la sainte Église de Dieu?

L'histoire de ces jours a montré aussi dans la
conduite du Pape à l'égard des évêques une
fidèle correspondance à ces paroles du Christ :
Et tu aliquando..., confirma fratres tuos : « Et
toi, Pierre, aux jours de l'épreuve, confirme tes
frères dans la foi. » Que notre foi, à nous aussi,
s'affermisse donc, enfants de l'Église, à ce noble
spectacle. La société ainsi que les trônes sont
menacés, le sol tremble sous nos pas, tout est en
péril, excepté pourtant l'Église, à cause des

promesses qui lui ont été faites par son divin fondateur; c'est donc par l'Église que le monde sera sauvé.

Plaise à Dieu que ce modeste livre inspire, autant que je souhaite, à mes chers lecteurs des sentiments vraiment catholiques! Plaise à Dieu qu'ayant été écrit dans le but d'être utile à tous, il dessille encore les yeux de certains hommes prévenus et dont les tendances funestes ne peuvent aboutir qu'à la ruine de leur foi et à la perte de leur âme!

Maintenant le Pape ayant daigné, à l'occasion d'une pièce de poésie que j'adressai à Sa Sainteté, l'année dernière, m'envoyer sous forme de lettre sa bénédiction apostolique, je saisis avec empressement l'occasion qui m'est donnée de la mettre sous les yeux de mes lecteurs, et je la place avec confiance en tête de mon petit ouvrage, regardant ce précieux encouragement du Saint-Père comme un gage certain et assuré de la bénédiction du ciel et du succès qu'obtiendra auprès des lecteurs chrétiens mon modeste récit.

VOYAGE A ROME

I

DÉPART.

Le dimanche 25 mai, vers sept heures et demie du soir, nous partions, monsieur le curé de Saint-N*** et moi, accompagnés de M. S***, ancien recteur d'académie, pour Rome. Nous quittions Paris par *l'express* de Lyon, nous abandonnant à la Providence, sans avoir songé à nous assurer des places pour la traversée en mer, et nous arrivions le lendemain, vers onze heures du matin, à l'extrémité de la France, dans la grande et belle ville de Marseille; Marseille qu'on nomma toujours la catholique, aujourd'hui trop fière, elle aussi, de son luxe, de ses constructions nouvelles, de l'agrandissement

de ses ports , de sa population active et nombreuse (1), du flot toujours croissant des voyageurs
qui lui arrivent sans cesse et par terre et par mer.

Notre premier soin, dans cette ville où chacun
s'empresse, fut de retenir nos places sur le paque-
bot, nous fûmes assez heureux pour en obtenir,
malgré la négligence que nous y avions mise et
l'affluence extraordinaire des voyageurs pour Rome,
tant est vrai le vieil adage : *Audaces fortuna juvat,*
la fortune aide les audacieux.

Nous ne manquâmes pas de mettre à profit les
quelques heures dont nous pouvions disposer pour
prendre connaissance de la ville. Marseille, l'ancienne colonie grecque, promet de devenir dans un
avenir assez rapproché la seconde ville de France.
Les quelques Phocéens qui vinrent fixer là leur
tente, 900 ans avant J. C., ne se doutaient pas qu'ils
jetaient les fondements d'une grande et superbe
ville. Sa population, qui s'est beaucoup accrue
dans ces derniers temps, augmente encore tous
les jours d'une manière étonnante, ses rues s'élargissent, ses ports que l'on est obligé d'agrandir re-
gorgent des marchandises de tous les pays et surtout de l'Orient. Ils sont couverts des grains que

(1) Marseille possède aujourd'hui près de 300,000 habitants.

d'innombrables vaisseaux amènent pour l'alimentation de la France ; d'autres denrées, des étoffes surtout y abondent encore. Notre désir de voir la cathédrale nous emmena loin de la Cannebière ou centre de la ville ; l'ancienne cathédrale n'existe plus, on la reconstruit sur un plan beaucoup plus grandiose ; tout à côté, l'église de Saint-Martin, qui tient lieu pour le moment de principale basilique, n'est vraiment pas digne, pour la beauté architecturale, d'un si noble rôle.

Le temps nous permit encore de monter jusqu'à Notre-Dame de la Garde que nous apercevions au sommet d'une montagne en face du port. De ce lieu élevé, où la piété des Marseillais a érigé un autel à Marie, on découvre toute la ville et ses ports qui présentent à l'œil charmé une immense forêt de mâts. La vue s'étend encore au loin sur la mer. Un nouveau sanctuaire tout de marbre, plus grand que l'ancien et commencé par feu Mgr de Mazenod, s'achève en ce moment (1).

(1) La protection visible que Marie accorda dès les temps les plus anciens aux matelots sur la Méditerranée lorsqu'ils se rendaient en Italie ou qu'ils en revenaient porta les Marseillais à lui ériger un autel sur ce rocher élevé ; c'est là qu'ils aiment à se rendre pour invoquer l'Étoile de la mer, sous le beau nom de Notre-Dame-de la Garde. Aux fêtes de la Vierge surtout, le concours des pèlerins est prodigieux.

A la vue des innombrables *ex-voto* appendus aux murs intérieurs de la chapelle, de cet autel resplendissant d'or et de lumières, devant l'image de la reine des cieux, étoile de la mer, protectrice des matelots et de tous ceux qui sont exposés aux tempêtes de la mer ainsi qu'à d'autres tempêtes plus redoutables encore, qui ne se sentirait attendri et porté à l'invocation? Nous avons prié Marie pour tous nos amis que nous avions laissés à Paris, et nous lui avons demandé pour nous la grâce d'un heureux voyage. Puis, vers dix heures du soir, nous nous empressions de monter en voiture pour être conduits au port de la Joliette et nous embarquer sur le *Pausilippe,* vaisseau à vapeur délicieux qui jouit de la réputation bien méritée d'avoir un doux tangage et de ne pas incommoder les passagers.

ll

LA TRAVERSÉE.

Notre traversée de Marseille à Civita-Vecchia, pour me servir des expressions d'un vénérable évêque à Rome, laissa un doux souvenir dans le cœur de tous ceux qui en firent partie. C'était comme une fête continuelle sur le vaisseau. Le temps était magnifique, la mer parfaitement tranquille. Nous comptions à bord avec nous plus de quarante prélats (1), parmi lesquels deux cardi-

(1) S. E. le cardinal Matthieu, archevêque de Besançon.
S. E. le cardinal Morlot, archevêque de Paris.
Mgr Tarnoczy, archevêque de Salsbourg (Autriche).
Mgr Przylinski, archevêque de Posen et Gnesna (Prusse).
Mgr Cullen, archevêque de Dublin (Irlande).
Mgr Chalandon, archevêque d'Aix.
Mgr Regnier, archevêque de Cambrai.
Mgr Brossais Saint-Marc, archevêque de Rennes.
Mgr Maupas, archevêque de Zara (Autriche-Dalmatie).
Mgr Purcell, archevêque de Cincinnati (États-Unis).
Mgr Fitzpatrick, évêque de Boston (États-Unis).
Mgr Mac-Closkey, évêque d'Albany (États-Unis).
Mgr Bacon, évêque de Portland (États-Unis).

naux, huit archevêques, plus de trente évêques de
toutes les contrées de la terre. Il y avait, en outre,
une centaine d'ecclésiastiques, plusieurs religieux,
entre autres le père Hermann, des sœurs de charité
de Rome, et l'on pouvait dire de nous comme de
l'assemblée des premiers chrétiens : Ils n'ont tous
qu'un cœur et qu'une âme. Nous nous réjouissions,
prêtres et séculiers, d'aller à Rome voir le Saint-
Père, recevoir ses bénédictions et être les heureux
témoins des grandes scènes de foi dont cette ville
allait devenir le théâtre.

Lorsque le vaisseau leva l'ancre et quitta notre
chère France, des acclamations sympathiques sa-

Mgr Roosevel-Bayley, évêque de Newark (États-Unis).

Mgr Bonnaz, évêque de Csanad et Temesvar (Autriche-Hongrie).

Mgr Berthaud, évêque de Tulle.

Mgr Cousseau, évêque d'Angoulême.

Mgr Belaval, évêque de Pamiers.

Mgr Caverot, évêque de Saint-Dié.

Mgr Ginouilhac, évêque de Grenoble.

Mgr Géraud de Langallerie, évêque de Belley.

Mgr Gignoux, évêque de Beauvais.

Mgr Sergent, évêque de Quimper.

Mgr Arnaldi, évêque de Trèves (Prusse).

Mgr Dehessele, évêque de Namur (Belgique).

Mgr Duggan, évêque de Chicago (États-Unis).

Mgr Link, évêque de Taranta (Canada).

Mgr Labastida, évêque de Puebla (Mexique).

Mgr Smith, évêque de Dubuque (États-Unis).

Mgr Furland, évêque de Fermès.

luèrent notre départ; les Marseillais, sur la jetée et jusqu'au pied du phare, s'écriaient avec transport : Vive le Saint-Père ! bon voyage aux pèlerins ! Il était dix heures et demie, c'était l'heure du coucher sur le navire aussi bien qu'à la ville ; les marins alertes tirèrent de la cale inépuisable du navire une quantité innombrable de matelas, traversins, couvertures ; en un instant tout le vaisseau, à l'intérieur comme à l'extérieur, offrit l'aspect d'un vaste dortoir. Nous dûmes nous estimer heureux, mes deux compagnons et moi, après la négligence que nous y avions mise, d'avoir à notre disposition un de ces matelas et une place quelconque ; ce n'était pas le

Mgr Rapp, évêque de Cleveland (États-Unis).

Mgr Vood, évêque de Philadelphie (États-Unis).

Mgr Petagna, évêque de Castellamare (Deux-Siciles).

Mgr Valdecagnas, évêque de Cadix (Espagne).

Mgr Simor, évêque de Giavarino.

Mgr Wiery, évêque de Gurk.

Mgr de Attems, évêque de Ségovie (Espagne).

Mgr Mac-Getturgan, évêque de Raphaë (Irlande).

Mgr Maurizi, évêque de Véroli (États-Pontificaux).

Mgr Cobez, évêque de Metone *in partibus* (Afrique).

Mgr Wheland, évêque d'Aureliopolis *in partibus*.

Mgr Slomschek, évêque de Lavant.

Mgr Pavy, évêque d'Alger.

Mgr Foulquier, évêque de Mende.

Mgr Mullock, évêque de Saint-Jean de Terre-Neuve.

Mgr Mabile, évêque de Versailles.

Mgr Wiber, évêque d'Alia *in partibus*.

moment de faire les difficiles. Étendus bientôt sur ce lit de camp que nous donnait la Providence, dans la grande salle au-dessous du pont, nous nous endormions, mollement bercés, comme aux jours, hélas ! si loin de nous maintenant, où l'on nous berçait pour nous endormir ! Mais ce balancement ne laissait pas que de nous causer quelque inquiétude. Vous souriez peut-être, amis lecteurs ? Vous reconnaissez les émotions de voyageurs encore peu expérimentés avec la mer ? Je vous avoue que la crainte du mal de mer nous préoccupait un peu, mais ce devait être à tort pour cette fois.

Je ne me réveillai qu'avec l'aube, et, désireux du grand air et de l'aspect de la mer, je passe par-dessus tous nos compagnons de dortoir, dont la plupart dorment encore, les touchant le moins possible, et je monte sur le pont. Là encore je suis obligé de passer par-dessus grand nombre de personnes de toute qualité, m'excusant surtout auprès de nos seigneurs les évêques lorsqu'il s'en présente, car quelques-uns, à cause de l'excessive chaleur qui règne à l'intérieur, ont préféré prendre leur repos sur le pont. Je heurte entre autres un vénérable dormeur qui soudain se réveille et répond à mon excuse par un bienveillant et joyeux : *Benedicamus Domino*, je lui dis : *Deo gratias.* Il se lève, fait sa prière, et j'imite ce digne personnage qui était, sachez-le donc, Mgr l'évêque de Cincinnati.

'Quel spectacle admirable que le lever d'un beau jour sur la vaste étendue des eaux, quand le vaisseau s'avance avec majesté sur la mer bleue, la faisant bouillonner avec ses roues puissantes! Il laisse à sa suite une immense sillon qui se prolonge à l'infini. Le roi du jour se lève splendide du sein de l'onde et répand au loin ses feux qui se reflètent dans la mer. Le goëland aux grandes ailes plane dans l'espace et se précipite dans les flots étincelants pour saisir le poisson que son œil a distingué du haut des airs. En contemplant cette scène grandiose, on sent naturellement son cœur s'élever vers le Créateur, et la prière est un hymne d'amour et de reconnaissance.

Qu'est-ce que l'homme devant cette immensité de la nature? et qu'est-ce que l'univers lui-même devant Celui qui seul est grand, seul éternel? Mais à ne considérer que la création, l'homme est pourtant ce qu'il y a de plus grand, car par son esprit non-seulement il embrasse la terre et tous les corps célestes, mais encore il s'élève jusqu'au monde des intelligences et pénètre par la foi dans les secrets divins de l'ordre surnaturel. C'est ainsi qu'il connaît Dieu et l'adore, et, pontife sublime, il offre à

1.

Dieu les hommages de la nature, qui, sans lui, serait incapable de rendre aucune gloire à son auteur.

Les côtes de la Provence avaient disparu; j'étais descendu dans une cabine, mais bientôt un chant harmonieux m'attira de nouveau sur le pont. Mgr le cardinal de Besançon, entouré d'un grand nombre d'ecclésiastiques, faisait la prière du matin d'une manière très-solennelle (1). Un supérieur de religieux, à la voix sonore, faisait l'office de maître de chœur, et l'on chantait alors avec une précision admirable et une grande ferveur le *Credo* de Dumont. Toute l'assistance accompagnait. Le chœur de nos cathédrales eût pu envier ce concert. Après le *Credo* vint le psaume *Quam bonum et quam jucundum habitare fratres in unum*; puis l'*Ave maris stella*, et l'on aurait continué d'autres chants si Monseigneur, dans sa haute sagesse, n'eût cru devoir modérer notre ardeur.

Ce qui ne contribua pas peu à nous consoler de la privation qui nous était imposée, ce fut la promesse d'un exercice du mois de Marie pour le soir à sept heures (2). Mgr l'évêque de Tulle devait faire le

(1) Mgr Matthieu présida tous les exercices religieux sur le navire à cause de son titre de Cardinal et parce qu'il était doyen d'âge.

(2) C'était le mardi 27 mai que notre traversée avait lieu. Nous étions donc vers la fin du beau mois de Marie.

sermon ; qui ne connaît l'éloquence de Mgr Berthaud, surtout quand il s'agit d'une improvisation
chaleureuse? Ici, elle devait se faire sur un navire,
au pied du grand mât, devant des pèlerins allant à
Rome ; en y songeant, la journée, toute belle qu'elle
était, nous semblait trop longue. Cependant on
était en fête parce que l'on était heureux sous tous
les rapports. Nos sœurs de charité de Rome, qui
revenaient à leur maison de Saint-Onuphre, assises
en cercle priaient ou travaillaient, mais elles ne re-
fusaient pas d'interrompre parfois leurs pieuses occupations pour répondre à nos entretiens ami-
caux (1).

Le repas ne pouvant se faire en un seul service,
plusieurs personnes devaient être privées, à leur
grand regret, de l'assistance à l'exercice du mois de
Marie, car le dernier service devait se prolonger au
delà de sept heures.

Enfin arriva le moment du pieux exercice. Le
capitaine ne put permettre, à cause de la manœu-
vre, qu'on le différât. Nous étions sur la partie supérieure du pont. Mgr le cardinal de Besançon présidait. L'assistance se composait de nos seigneurs
les archevêques et évêques à la tête desquels était

____

(1) La supérieure et les sœurs de la maison de St-Onuphre
à Rome revenaient de Paris où elles avaient fait leur retraite.

naturellement Son Éminence Mgr le cardinal de Paris à qui un malaise assez fort ne permettait pas de rester longtemps sur le pont. Presque tout l'équipage était là, il n'y manquait que ceux qui étaient obligés de rester à table. Une statue de la Vierge, que nos sœurs de charité avaient tirée du fond d'une de leurs caisses, était attachée au mât du navire, le châle d'une dame formait la tenture, et des fleurs empruntées aux chapeaux des plus élégantes contribuaient encore à honorer Marie; une petite estrade servait de tribune au prédicateur. Nous formions le cercle, presque tous debout et très-serrés, la joie dans le cœur à la vue de ce mois de Marie improvisé, c'était un tableau vraiment admirable.

L'exercice commença par les litanies de la Vierge; elles furent chantées avec un enthousiasme indescriptible. La terre, à la vérité, ne pouvait nous entendre, mais les cieux devaient recueillir avec amour les échos de nos voix, aucune langue ne restait muette, à notre chant venait même s'unir celui des personnes qui étaient à table dans la salle au-dessous de nous. Les litanies furent suivies du cantique d'invocation, *Esprit-Saint, descendez en nous.* Il fut chanté avec le même transport; le silence le plus profond succéda. Mgr l'évêque de Tulle commença.

Vouloir reproduire les expressions de l'éloquent prélat serait une témérité; il parle d'inspiration : c'est la foi, non moins peut-être que la profonde érudition, qui lui fournit des paroles. Il prend les plus belles images de la nature et s'en sert pour élever l'esprit de ses auditeurs à la contemplation des vérités éternelles. Ici tout l'impressionne, la vue de cette vaste mer qui nous ouvre ses sentiers mystérieux, de ce vaisseau, qui semble fier du fardeau qu'il porte et vogue avec assurance parce que la main des anges le conduit, la vue de tant d'illustres évêques et de prêtres pieux qui représentent une portion notable de l'Église ; mais ce qui remplit surtout son âme d'un saint enthousiasme et rend son éloquence plus sublime, c'est la pensée du but commun vers lequel tendent de toute l'ardeur de leurs désirs et les auditeurs et celui qui leur parle. « Nous « allons donc à Rome, mes frères, voir le Pape? Oui, « nous allons à Rome, comme autrefois saint Paul « montait à Jérusalem pour voir Pierre, et qu'allait- « il voir, le grand saint Paul, dans la personne de « Pierre? Allait-il voir, nous dit saint Chrysostome, « quelle était la prestance ou la manière de parler « du chef des apôtres? Allait-il voir si Pierre était « de haute stature, s'il avait le front large, si la « majesté de son regard répondait à sa sublime qua-

« lité de prince des pasteurs, s'il était chauve ou si
« des cheveux blancs ombrageaient son auguste
« front? Non, non, Paul allait voir dans la personne
« de Pierre le représentant du Christ, chef visible
« de l'Église ; et nous aussi, chrétiens, nous allons à
« Rome voir le successeur de Pierre, représentant
« de Jésus-Christ, pasteur universel des peuples.
« Nous sommes ici, sous vos yeux, une portion im-
« portante de l'Église de Dieu ; vous voyez devant
« vous beaucoup d'évêques et de prêtres, mais en-
« core ils ne sont pas seuls ; nous, évêques, nous
« sommes accompagnés des vœux de ceux qui n'ont
« pu nous suivre ; en nous voyant partir ils nous ont
« chargés de les représenter, de sorte que nous por-
« tons véritablement avec nous nos diocèses. Oui,
« l'univers catholique voyage avec nous ; c'est l'u-
« nivers tout entier qui se porte à Rome. Nous al-
« lons pour être les heureux spectateurs des grandes
« fêtes que Rome prépare pour la canonisation des
« martyrs du Japon ; mais nous allons au pied du
« trône de Pierre pour témoigner à notre Saint-
« Père notre attachement filial. Nous allons, mes
« frères, dans la ville sainte prendre part à la grande
« lutte que l'Église soutient contre ses ennemis pen-
« dant ces jours d'épreuve, car l'Église soutient de
« grands combats, ce sont les combats du Seigneur,

« *prælia Domini.* Nous marchons, il faut le dire, à
« une victoire certaine. Nous ne traînons pas avec
« nous des artilleries vomissant la mort; nous n'a-
« vons ni canons rayés, ni mitraille, ni autres en-
« gins de destruction, mais nous avons une idée
« servie par la prière et le dévouement, nous nous
« rangeons sous un chef qui est roi, et quel roi! Il
« lui a suffi d'un geste, d'un simple désir, pour voir,
« de toutes les parties de la terre, le monde honnête
« accourir et se ranger autour de lui.

« L'Église, épouse céleste de Notre-Seigneur
« Jésus-Christ, combat pour sauver les âmes; elle
« a pour mission de former dans le temps le corps
« mystique de Jésus-Christ. Ce corps mystique, c'est
« la réunion des élus. Elle est donc occupée à la
« conquête des âmes? De là, ces combats, combats
« pacifiques et glorieux; ses armes sont la vérité et
« l'amour ; elle combat non pour perdre et dé-
« truire, mais pour sauver et édifier; elle ne ces-
« sera la lutte que lorsque le nombre des élus sera
« complété, qu'il ne restera plus d'âmes à sau-
« ver ; heureux sont ceux qu'elle réduit à s'avouer
« vaincus; elle les sauve de la mort en les unis-
« sant au corps mystique de Jésus-Christ, elle ouvre
« devant eux les portes du ciel.

« Allons donc sous les étendards de l'Église

« combattre les ennemis du Christ, allons défendre
« et affermir le trône de Pierre que les méchants
« s'efforcent d'ébranler. »

Nous ne pouvons rapporter tout le discours de
Mgr de Tulle qui dura près d'une heure et nous
parut trop court. L'exercice se termina par la prière
du soir et nous reprîmes le chemin du dortoir, le
cœur rempli de saintes impressions. Le lendemain
après notre réveil, nous étions occupés, monsieur
le curé de Saint-N*** et moi, à écrire des lettres
dans l'intérieur du vaisseau, quand au-dessus de
nous un grand mouvement se fait entendre. Le
chant majestueux du *Te Deum* arrive jusqu'à nous.
Alors la plume nous tombe des mains, nous voilà
sur le pont et nous voyons. O surprise agréable !
Civita-Vecchia qui forme devant nous un superbe amphithéâtre. Le canon gronde pour saluer
nos cardinaux qui, en qualité de princes romains,
sont toujours reçus avec grand honneur dans les
États de l'Église. Des barques nombreuses nous
mènent au rivage, dans ce moment je perds mes
deux compagnons. Mgr d'Angoulême avec qui je
chemine un instant a perdu, lui, son secrétaire,
son domestique et ses malles ; je suis trop impressionné par tout ce que je vois sur cette terre étrangère pour me laisser aller à toute autre préoccu-

pation qu'à celle de connaître la ville ; d'ailleurs on ne pourra manquer de se rejoindre à la gare. Les vieux murs crénelés, les jardins, les maisons, tout ici m'intéresse. Ce que j'admire surtout, c'est une procession des rogations à laquelle prend part tout le peuple ; l'officiant sous un dais flottant chante les litanies des saints, le clergé et le peuple répondent à chaque invocation en chantant également et en faisant une génuflexion ; le cortége brille plutôt par la piété simple et naïve que par le luxe.

Les pauvres, en ce lieu, sont en grand nombre et se montrent fort obséquieux. Du reste, la ville a une jolie église, du commerce et un air de paix et et de bonheur moral, qui nous avertit que nous sommes déjà sur les États du Saint-Père. Comme je me dirige vers la gare du chemin de fer sous un soleil ardent, je contemple sur la route un régiment de nos soldats, marchant au son des clairons (1) ; quel air martial ! quelle belle tenue sur ce sol poudreux et brûlant de l'Italie ! Je retrouve ma compagnie sur le compte de laquelle j'étais fort tranquille ; puisque nous allions tous vers le même

(1) La garnison française se trouve répartie sur tous les points principaux des États romains ; nous nous sentions heureux en pays étranger de revoir nos troupes.

but, nous devions nécessairement nous rejoindre; et à onze heures passées, les vagons romains nous emportent avec rapidité vers la ville éternelle.

III

TRAJET DE CIVITA-VECCHIA A ROME.

Si l'on s'en rapporte aux ennemis de l'Église et de la religion parmi lesquels on peut compter certains journaux de Paris, les États romains, au lieu d'offrir cette sécurité et cette paix que nous y avons rencontrées, n'offrent au contraire que des dangers qu'eux seuls y voient et une violation perpétuelle de la liberté, qui n'existe en réalité que dans l'esprit de ceux qui réclament la licence pour faire du désordre. Il est regrettable de voir jusqu'à quel point ils réussissent à fausser le jugement d'un nombreux public en France, et principalement à Paris. J'ai même remarqué que l'esprit de prévention et le manque d'une certaine élévation de vue peuvent porter ceux qui vont à Rome à se former, sur ce peuple et sur les autres peuples de l'Italie, des idées fausses. J'aurai plus d'une fois occasion d'en fournir la preuve.

Nous allions donc vers Rome, l'administration à Civita-Vecchia s'était montrée bienveillante ; le Saint-Père avait donné l'ordre que l'on exemptât les pèlerins venus de France, particulièrement les ecclésiastiques, de l'examen des bagages, de l'impôt à la douane et de plusieurs autres formalités assez ennuyeuses dans les moments de presse. A la gare du chemin de fer il y eut un peu d'encombrement, pouvait-il en être autrement malgré la bonne organisation du chemin de fer romain encore un peu nouveau, avec une affluence de voyageurs aussi extraordinaire? Les bons Italiens avaient fort à faire pour reconnaître nos bagages et nous donner des places. La différence de langue nous empêchait de nous comprendre, ils s'agitaient beaucoup, se donnaient bien du mal, nous traitaient pourtant avec respect et amitié, et, malgré nos craintes, nous eûmes tous des places et nous partîmes sans trop de retard (1).

Pendant le trajet je me trouvai encore une fois

(1) Si la nation française a été appelée dans tous les temps la nation polie entre toutes puisse-t-elle mériter toujours ce glorieux éloge. Il faut convenir qu'aujourd'hui le Français qui voyage ne rencontre pas moins cette politesse dans les pays étrangers, et surtout chez les nations catholiques telles que l'Autriche, l'Espagne, l'Italie. Pour nous c'est ce que nous rencontrâmes sur cette terre hospitalière où nous venions de poser le pied.

séparé de mes deux compagnons ; ils étaient dans un vagon supérieur ; mais j'avais la compagnie d'un respectable Anglais que je reconnus pour avoir été un de mes voisins de nuit sur le *Pausilippe*. Comme il entendait assez bien le français, je lui rappelais la difficulté qu'il avait eue dans le vaisseau à se faire rendre sa place qu'on lui avait prise. « C'est vrai, monsieur l'abbé, me dit-il, avec son accent de nos voisins d'outre-mer, mais j'ai été assez heureux pour gagner mon procès, et je ferai remarquer à monsieur l'abbé qu'il en arrive toujours ainsi quand on a une bonne cause et qu'on défend son droit avec la fermeté et le respect que l'on doit. » J'admirai cette sagesse et ce calme britannique ; nous Français, trop souvent, nous nous emportons quand on nous fait une injustice. Mais ensuite il se mit à se plaindre avec amertume des Italiens, en disant qu'il était pitoyable de voir le peu d'ordre avec lequel le service était fait en Italie et à Rome ; « avons-nous sué, monsieur l'abbé, » me disait-il en s'essuyant encore le front ? Puis il voulait que les portières restassent fermées dans la crainte d'un refroidissement. « Ah ! monsieur l'abbé, ce n'est pas de même en France, n'est-ce pas ? Vous êtes de Paris, monsieur l'abbé ? fort bien ; moi avoir été à Paris ; à la bonne heure, c'est autre chose, convenez-en ; vous avez une administration admirable et le service des voitures est vraiment bien commode pour les voyageurs. Mais ici voyez-vous c'est pitoyable, aussi cela fait crier les ennemis de l'Église contre le Saint-Père. » Je lui répondis : « Ils ont tort et grand tort ; j'avoue qu'à Paris et à Londres le service des voitures ne laisse rien à désirer, mais ici cependant nous ne sommes non plus trop mal, et je n'aurais jamais cru que nous eussions tous trouvé des places. Ces chers Italiens y ont mis du zèle ; ils ne reçoivent pas tous les jours un pareil nombre de voyageurs, et ce que j'ai remarqué, c'est qu'ils sont très-polis avec tout le monde.—Ah ! monsieur, vous faites bien de les défendre, ils en ont grand besoin ; » et il prit un grand livre broché pour lire.

Le soleil de midi dardait ses rayons ; j'eus bien désiré mettre la tête à la portière pour respirer l'air de l'Italie, mais dès que j'ouvrais la fenêtre, je voyais aussitôt mon Anglais enfoncer son chapeau sur sa tête, redresser le col de son manteau, se draper, s'inquiéter comme un homme menacé d'une sueur rentrée, m'avertir que j'allais attraper du mal, qu'en Italie il fallait bien se défier du grand air. Je n'eus voulu pour rien au monde le contrarier, il avait l'air vraiment d'un si digne homme. Je craignais cependant que ce ne fût quelque ministre anglican, mais j'en fus bientôt dissuadé en voyant qu'il lisait dans un auteur catholique. Quelques jeunes Italiens, nos vis-à-vis, s'amusaient entre eux de ses manières étranges.

Mes regards étaient appliqués à contempler les plaines que nous traversions; le rivage de la mer, les champs, le ciel bleu, tout m'impressionnait; j'éprouvais un doux charme sur cette terre classique, où toutes les gloires et toutes les grandeurs se sont tant de fois donné la main sur cette terre bénie où le ciel se montre plus que partout ailleurs prodigue de ses dons. On a reproché à la campagne de Rome d'être inculte; il est vrai qu'elle ne ressemble pas à ce qui entoure nos grandes villes. On ne voit pas qu'elle soit très-fatiguée par le soc de la charrue; mais aussi, quelle différence de climat! J'étais étonné de voir quelques paysans déjà occupés à faucher le foin; pauvres gens! ils cachaient leur visage basané sous des chapeaux à larges bords (1). Leur travail ne peut comme en France se prolonger pendant tout le jour, la chaleur en Italie est si accablante qu'au milieu de la journée ils sont forcés de prendre du repos (2). D'ailleurs, la terre est si

(1) Les paysans italiens portent des chapeaux pointus à larges bords, c'est la forme la plus apte à neutraliser l'effet des rayons du soleil.

(2) Tout le monde connaît l'usage des Méridionaux de faire la sieste; cette coutume a lieu même dans les villes, à compter

fertile sans le secours de l'homme, qu'on ne saurait leur faire un crime de profiter de ce bienfait du ciel. Ce sont en partie de grandes prairies à l'état naturel. Dans ces prairies vous voyez se nourrir une immense quantité de taureaux, de vaches, aux énormes cornes (1), des étalons noirs magnifiques qui courent comme des gazelles, des chèvres, des brebis. Tout ce bétail offre à la nation italienne une nourriture saine et abondante. Nous accusons les Italiens d'être paresseux, ne peuvent-ils pas nous accuser à plus juste titre de nous livrer à un travail excessif, intempestif, exagéré auquel la Providence toujours bonne, même quand elle punit, n'a pas prétendu condamner l'homme? N'est-ce pas chez nous un excès criant, que ce travail de mercenaire, au delà des limites du jour? que ce travail obstiné pendant le saint jour du dimanche? L'ambition, l'avarice nous font oublier nos devoirs envers Dieu et envers le prochain, pour nous pousser dans un excès

de midi jusqu'à quatre ou cinq heures on ne rencontre plus personne dans les rues, si ce n'est pourtant des Français ; de là est venu le proverbe quand on entend sur la voie publique quelque bruit qui signale la présence d'un passant : « Ce ne peut être qu'un chien ou un Français. »

(1) Les taureaux et les vaches de ces contrées sont remarquables par l'immense dimension de leurs cornes qui se recourbent majestueusement vers la pointe comme des arcs.

de labeurs qui nous rend semblables, en vérité, à de misérables esclaves.

Je faisais ces réflexions lorsque mon Anglais me montra le mont Albin dans le lointain. Il annonce l'approche de Rome. Un peu plus loin encore il me montra une belle église, *Saint-Paul hors les murs*, et m'engagea beaucoup à aller la visiter pendant mon séjour dans la ville éternelle. Je m'étais replongé dans mes réflexions, pensant aux bergers et aux laboureurs de Virgile et d'Horace, à Tityre, et à Meliboe, à Corydon et à Thyrsis, quand il s'écria bientôt : Ah ! voyez donc, monsieur l'abbé ! *flavus Tiberis !* En effet, je vis ce Tibre célèbre roulant ses eaux toujours jaunes, comme nous le dit Horace dans ses odes immortelles : *Vidimus flavum Tiberim*(1). Il était bordé de magnifiques roseaux verdoyants. Les jardins de quelques villas offraient à nos yeux attentifs une quantité d'arbres chargés de fruits déjà mûrs, des figuiers, des citronniers, des cerisiers.

(1) Le Tibre avant que d'entrer dans la grande ville décrit dans son cours une courbe majestueuse. Ce fleuve si vanté n'a pas tout à fait la largeur de la Seine, à Paris, et ce qui contribue encore à le faire paraître plus étroit dans Rome, c'est qu'il n'a ni quais, ni berges, les maisons viennent jusqu'aux bords de l'eau, mais il tourne avec grâce, et la longue suite des maisons qui le bordent, en suivant les courbes du fleuve, offre à ceux qui sont sur le pont Saint-Ange surtout, un magnifique aspect.

Comment exprimerais-je les suaves émotions de mon cœur en approchant de la grande cité objet de tous nos vœux, lorsque j'apercevais au loin les faîtes élevés des monuments ? Ces obélisques, ces tours superbes, ces dômes parmi lesquels domine comme un roi majestueux celui de Saint-Pierre ? Quel horizon de gloire encore environné pour moi de tout le charme du mystère ! La joie indicible dont mon âme était inondée me jetait dans une sorte d'extase qui ne peut se traduire par aucune langue humaine, et je m'écriai avec transport : *Hæc est civitas sancta ; hæc est domus Dei !* c'est ici la cité sainte ; c'est ici la maison de Dieu ! *Lætatus sum in his quæ dicta sunt mihi, in domum Domini ibimus;* je me suis réjoui lorsque l'on m'a dit : Nous irons dans la maison du Seigneur. La joie que je ressentais est inénarrable ; mes compagnons, je le pense, éprouvaient la même émotion, car ils venaient aussi à Rome pour la première fois.

Au sortir du débarcadère, une file innombrable de voitures attendait pour recevoir les voyageurs et les conduire à domicile. Notre premier soin était d'aller voir monsieur Veuillot, place Navonne, au palais de Pamphili (1). Cet écrivain célèbre avait dû

(1) La place Navonne est une des plus belles places de Rome, elle occupe l'emplacement du Cirque d'Alexandre Sé-

nous retenir un logement dans Rome, et nous ne savions encore dans quelle partie de la ville. Notre conducteur s'engageait à nous conduire dans les deux endroits moyennant 7 pauls ; nous voulûmes diminuer quelque chose de ce prix qui nous paraissait exagéré, et, dans notre ignorance de la valeur de la monnaie romaine, nous l'obligeâmes à recevoir 5 francs : il avait tout avantage à accepter, car 7 pauls n'équivalent guère qu'à 3 francs 60 centimes ; aussi, ses scrupules, s'il en eut, furent promptement vaincus par notre insistance (1). Notre conducteur, pour nous mener à la place Navonne, nous fit passer dans le quartier le moins beau de la ville ; nous ne rencontrions que des maisons et des rues de pauvre apparence, et une population sinon malheureuse, du moins éloignée de l'aisance que nous voyons dans nos grandes villes, et nous circulâmes dans ce quartier jusqu'à la place Navonne qui n'offre par elle-même, malgré sa grandeur et les monuments qui l'embellissent, l'aspect de la ri-

vère ; Grégoire XIII la décora de deux jolies fontaines. Le palais Pamphili-Doria a été bâti par Innocent X en 1650.

(1) C'est l'histoire de l'Anglais à Paris qui voulant se faire conduire au jardin *des bêtes*, c'est-à-dire, des plantes, avec sa milady et son petit, disait au cocher de fiacre qui lui demandait 30 sous : « Coquin, c'est beaucoup trop, je te donnerai 5 francs, et rien plus. »

chesse. Je dois avouer que je ressentis une triste émotion en voyant Rome de ce côté ; j'étais muet devant mes compagnons, et je me disais : Hé quoi ! est-ce donc là Rome ! est-ce donc là, la ville éternelle dont le nom est si grand et la gloire si éclatante aux yeux des nations ? Je souffrais véritablement : mon tort était de chercher les grandeurs de la terre ; Rome en avait d'autres plus estimables à m'offrir, et même à ce premier point de vue je ne devais pas juger Rome d'après un simple quartier, précisément le plus pauvre, mais enfin, je rends compte avec simplicicité de ce que j'éprouvais alors, et ce sentiment pénible je le ressentais d'autant plus vivement qu'un moment auparavant j'en avais éprouvé un tout contraire (1).

Monsieur Veuillot avait eu l'obligeance de nous arrêter un logement dans une maison particulière, *via frattina*, rue adjacente au Corso. En nous y rendant nous ne tardâmes pas à voir que les rues s'embellissaient, et nous dûmes nous attendre à voir autre chose dans la ville éternelle que des quartiers pauvres. Toutefois, il faut en convenir, Rome ne présente pas, comme ville à habiter, un

(1) Qu'un étranger vienne de loin pour voir Paris, la merveille des villes et la ville des merveilles et qu'il entre par le faubourg Saint-Marceau il éprouvera la même impression.

aspect comparable à Paris et à Londres, elle ne peut rivaliser avec ces grandes villes pour le luxe, la richesse et la beauté des rues ; mais, d'un autre côté, on trouve à Rome ce que ne possèdent ni Paris, ni Londres (1).

(1) Les hommes qui n'ont pas le sens chrétien et qui ne peuvent trouver beau que ce qui séduit les sens n'ont que faire de venir à Rome, ils n'y trouveront pas au même degré qu'à Paris et à Londres les splendeurs du luxe et de la prospérité mondaine, ils n'y trouveront pas au même degré tout ce qui sent l'orgueil de Babylone. Les âmes chrétiennes seules se plaisent à Rome et elles s'y plaisent mieux que partout ailleurs.

IV

JOUR DE L'ASCENSION.

Je m'étais surtout proposé, en allant dans la ville sainte, de faire un pieux pèlerinage, et de profiter des instants qui me seraient donnés, pour satisfaire mon âme qui soupirait après l'abondance des eaux de la grâce, comme le voyageur altéré soupire après la fontaine d'eau vive. Aujourd'hui, que les jours de ce pèlerinage sont passés, je voudrais retourner à Rome, et je nourris l'espoir de la revoir plus d'une fois dans ma vie, si Dieu veut bien m'en accorder la faveur. Mais pour une première fois, ayant surtout si peu de jours à passer dans cette ville, nous avions trop à faire. Je voulais tout voir, tout connaître, les églises, les palais, les monuments, les ruines élo-quentes de l'ancienne Rome, les merveilles sans nombre de la Rome chrétienne. Que mon âme ce-pendant était heureuse au milieu de tant de magni-ficences ! elle se sentait attirée et captivée par des liens d'amour; aussi, plus tard, en m'en retournant, je n'ai pas dit adieu à la ville sainte, je lui ai dit au revoir, et je crois que beaucoup d'autres en auront fait de même.

A notre réveil, quelle douce joie ce fut pour nous de nous voir à Rome! Nous allions donc y passer notre première journée, nous allions être les heureux témoins d'une belle cérémonie, et, sans aucun doute, nous aurions le bonheur de voir la personne du Saint-Père. Ce qui ajoutait encore à notre contentement, c'était l'avantage d'avoir avec nous, pour nous accompagner, un cicerone qui n'était pas ordinaire, M. de Madelone, ami de M. Veuillot, et rédacteur du *Journal de Rome*. Ce personnage était venu nous voir la veille avant notre coucher, et il s'était offert pour nous conduire à Saint-Jean de Latran; l'occasion était trop belle pour la laisser échapper; après nos messes, célébrées avec une bien grande consolation dans l'église de la Trinité des Monts (1), nous arrêtons une voiture sur le

(1) La Trinité des Monts est une église d'origine française ; elle fut bâtie par Charles VIII roi de France qui la donna aux religieux minimes de Saint-François de Paule ; Sixte V en fit la consécration en 1585. Cette église bâtie sur le mont Pincio se trouve sur une élévation de plus de 40 mètres au-dessus du sol de la ville ; on y parvient par de magnifiques escaliers. Aujourd'hui elle appartient aux sœurs du Sacré-Cœur de Jésus qui ont établi une maison d'éducation pour les demoiselles dans le couvent qui en dépend (Nibby).

Corso et partons aussitôt. Divers objets dans le chemin viennent fixer notre attention. Le Colysée surtout étonne nos regards par sa masse imposante. Mais nous aurons occasion dans cet ouvrage d'en parler en détail. Plus loin, un groupe d'ecclésiastiques, nous reconnaissant à notre rabat pour des prêtres français, veulent nous arrêter et nous retenir avec eux. C'est la fameuse caravane de Nîmes ; on les reconnaît facilement à l'ardeur qui brille sur leurs fronts, ils ont des bouquets à la main, et se préparent à faire au Saint-Père une manifestation chaleureuse de sympathie et d'amour ; mais nous sommes lancés, et nous passons outre. Nous nous trouvons enfin sur cette vaste place de Saint-Jean de Latran, considérée à si juste titre comme une des plus belles de Rome. Au milieu s'élève le plus grand obélisque de la ville éternelle. Il avait été érigé à Thèbes par Teutmosis II, roi d'Égypte ; Constance, fils du grand Constantin l'amena à Rome, et le fit ériger dans le cirque Maxime. Plus tard, Sixte V, l'ayant trouvé dans des ruines, le restaura et l'éleva en ce lieu. Mais, ce qui attire surtout nos regards, c'est la basilique qui, par sa grandeur et son antiquité, a mérité le nom de mère et de maîtresse des églises, *mater et caput ecclesiarum,* église qui vit siéger dans son enceinte tant de conciles, église qui a l'insigne

honneur d'être la cathédrale du Souverain Pontife ;
c'est pour cela qu'à son exaltation il en prend solennellement possession. Près d'elle, à gauche, s'élève
le palais de Latran, et de l'autre côté le portique
qui conduit à la *scala santa* (1). Puis le baptistère de
Constantin, monument qui, bien que reconstruit
depuis son origine, accuse par son seul aspect une
haute antiquité. La place qui n'a d'égale peut-être
pour la grandeur que notre place de la Concorde,
est uniquement limitée vers le fond par les lointaines collines de la Sabine, collines illustres, cou-
vertes de ruines antiques.

Déjà les troupes françaises et les troupes papales
formaient la haie jusqu'à l'entrée du palais de Latran où devait entrer la voiture de gala du Saint-
Père avec son brillant cortége: Nous nous trouvions au milieu de la foule qui était considérable.
MM. Veuillot et Dulac s'étant rencontrés avec nous,

(1) La *scala Santa* est un escalier composé de vingt-huit
marches de marbre qui du palais de Pilate furent transportées
à Rome : On le nomme saint parce qu'il fut sanctifié par le
sang de Jésus-Christ qui le monta et le descendit plusieurs
fois pendant sa passion. C'est pourquoi il est tenu en grande
vénération parmi les fidèles : on ne le monte qu'à genoux et on
descend par un des quatre escaliers latéraux. Le concours des
fidèles qui accomplissent cette œuvre de dévotion a toujours
été si grand que les marches s'usèrent et qu'on fut obligé de
les couvrir de fortes planches de noyer (Voyez Nibby).

nous formâmes un cercle de connaissances, et nous nous occupâmes à échanger quelques entretiens en attendant l'arrivée du Saint-Père. Le grand écrivain, l'homme que la France admira et admire encore, paraissait pour le moins aussi impressionné que nous devant tous les monumentsqui s'offraient à ses yeux, bien qu'il les eût vus déjà plusieurs fois. « Considérez, nous disait-il, en nous montrant le baptistère de Constantin, quel beau souvenir nous rappelle ce monument. C'est là positivement que Constantin a reçu le baptême. En vain ils voudraient le nier, ajoutait-il, en parlant de nos modernes sceptiques, leurs dénégations tombent forcément devant ce témoignage historique, et qui donc aurait osé élever là cet édifice et dire : Ici, Constantin a reçu le baptême, si le fait n'était authentique ! Il nous faisait la même observation au sujet des inscriptions antiques qui décorent les autres monuments. » A la vivacité avec laquelle il témoignait sa foi, au feu qui animait sa physionomie, j'admirais en cet homme illustre, le catholique zélé, l'énergique défenseur de la papauté ; j'admirais le grand écrivain trop méconnu ou plutôt trop facilement sacrifié dans un siècle où il est permis aux impies d'attaquer l'Église, de lui faire une guerre implacable, d'outrager impunément tout ce

qu'il y a de plus respectable au monde, le successeur de Pierre et les princes de l'Église, et de cor-
rompre la foi des peuples. Telle est certainement
l'œuvre des mauvais journaux de notre temps : se
ruer avec fureur contre le rocher de l'Église ; ils
ont bien tort, les malheureux, ils se perdent et
ils en perdent bien d'autres avec eux. Pour mon
compte, je m'applaudissais de la faveur inattendue
qui m'était donnée de causer avec notre illustre
ami.

Mais des acclamations lointaines nous annoncent
l'approche du Pape ; sa voiture, traînée par un brillant attelage, avançait au milieu d'une pluie de
fleurs. Nous sommes assez heureux pour entrevoir,
dans un moment rapide, cette figure auguste, et
nous entrons dans la basilique. On pouvait y circu-
ler malgré l'affluence. Le Saint-Père allait paraître
sur la *sedia gestatoria,* majestueusement porté par
les gardes-nobles (1). Il devait venir prendre place
sur un trône dans le chœur et assister à la messe.
A la suite de cette cérémonie, il devait être conduit
sur le balcon de la basilique, à l'extérieur, c'est là
que se trouve la *loggia;* et c'est de ce lieu élevé que

(1) Les gardes-nobles sont des hommes de haute stature. Ils
sont richement costumés, leur mante qui descend assez bas est
en beau damas rouge.

le Souverain Pontife donne la grande bénédiction —
urbi et orbi, à la ville et au monde. Déjà les cardinaux entrent les premiers en grand nombre, le Saint-
Père paraît ensuite, toute la foule peut le voir, la
sedia gestatoria, sorte de trône, domine l'assemblée. Pie IX, couronné de la tiare et couvert d'une
riche chape, apparaît avec le recueillement et la
majesté d'un saint du ciel. Un silence profond règne dans l'enceinte; le Pontife-Roi, représentant
du Christ, à mesure qu'il passe, bénit de sa main
sacrée la foule attendrie jusqu'aux larmes. Inclinez-
vous, chrétiens, prosternez-vous puissants et faibles, guerriers et vierges timides, prosternez-vous,
Grecs et barbares, prêtres et magistrats, prosternez-
vous, rois de la terre; voilà celui à qui il a été dit :
« Pais mes agneaux, pais mes brebis : *pasce agnos
meos, pasce oves meas*. Je te donnerai les clefs du
royaume du ciel : *Tibi dabo claves regni cœlorum*.
Son visage auguste a la majesté et la douceur toute
céleste du vrai représentant de Dieu sur la terre.
Sa Sainteté se fait conduire d'abord devant l'autel
où réside le T.-S. Sacrement, et reste quelque temps
en adoration avant d'aller s'asseoir sur le trône qui
lui est préparé dans le chœur.

Les adversaires de la religion ont trouvé à redire
à cette coutume de porter le Saint-Père; ils ne la

trouvent pas en rapport avec les idées reçues de
nos jours; leurs yeux évidemment un peu trop pha-
risaïques n'ont voulu voir dans cette pratique qu'un
emblème de domination et de tyrannie bon pour le
moyen âge ; nous, chrétiens, nous pensons bien
différemment ; sans doute nous reconnaissons que
cet honneur est décerné à la puissance souveraine
que l'Église fait profession de reconnaître dans son
chef, mais nous voyons là, de la part des fidèles, un
témoignage touchant de respect et de vénération
profonde pour le représentant de Dieu. Le Souverain Pontife, d'ailleurs, ne se fait pas porter, mais
on le porte, et il en coûte toujours à son humilité
de recevoir tous les honneurs décernés par l'Église
à sa personne sacrée ; on le porte par honneur pour
celui qu'il représente, on le porte, parce qu'on aime
à le porter ; ce sont les enfants qui portent leur
père vénéré pour que tous puissent jouir du bonheur de le voir et de recevoir ses célestes bénédictions.

La messe fut longue et très-solennelle ; vers la
fin nous sortîmes sur la place, qui était alors plus
magnifique que jamais à contempler. La foule s'é-
tait encore accrue ; au fond de la place se tenait
l'artillerie; un peu plus en avant, nos troupes et
celles du Saint-Père étaient rangées en grandes

lignes transversales assez distantes les unes des autres. Le public remplissait tout l'espace inter-médiaire jusque sur les degrés de la basilique; les alentours et tous les abords de la place se trouvaient remplis par les gens des campagnes avec leurs habits de fête. Tous les regards étaient déjà fixés sur le balcon de l'église; déjà des cardinaux apparaissent. La tiare étincelante se montre à son tour; une immense salve d'applaudissements frénétiques retentit. La joie, comme un feu électrique, a saisi tous les cœurs. Les mouchoirs blancs s'agitent avec transport jusque dans le lointain le plus reculé. Le grand livre des bénédictions est ouvert devant le Saint-Père; le silence s'établit partout; d'une voix pleine et sonore, le Souverain Pontife récite les premières oraisons; tous l'entendent, puis, au moment de bénir, il se lève, et étend les bras vers le ciel comme pour aller prendre jusque dans les hauteurs de ce sanctuaire inaccessible la bénédiction, et, d'un ton de voix qui retentit au loin, il bénit Rome et le monde entier. A ce moment les troupes et le public sont prosternés, les cœurs sont profondément émus, les yeux se mouillent de larmes; le canon répond à la voix du Pontife Suprême, un immense tonnerre d'applaudissements éclate et se prolonge jusqu'à ce que le Pape, tout rayonnant de gloire et de lumière, se retire.

L'émotion que cause cette grande scène, l'enthousiasme de la foule devant le Souverain-Pontife ainsi placé entre le ciel et la terre pour bénir, ne peuvent se dépeindre; nous n'avons rien dans nos fêtes que l'on puisse mettre en comparaison, l'amour déborde véritablement dans tous les cœurs. Après le départ de Sa Sainteté, les voitures brillantes des cardinaux continuent à défiler pendant plus d'une demi-heure. Le peuple les salue avec respect et ils bénissent la foule en passant.

Dans la soirée de ce même jour, un éloquent discours était prononcé par M. l'abbé Duquesnay, curé de Saint-Laurent, à Paris, devant nos soldats à l'église Saint-Louis des Français; c'est dans cette église que nos soldats et les zouaves pontificaux se réunissent de préférence pour assister aux exercices religieux (1). N'ont-ils pas là, sous leurs yeux, un

(1) La nation française en 1589 fit construire cette église sur les dessins de Jacques de la Porta. Catherine de Médicis y contribua par des sommes considérables.

Il y a dans cette église beaucoup de tombeaux et d'inscriptions sépulcrales. Un mausolée y fut érigé en 1852 à la mémoire des soldats français morts dans l'expédition de 1849 sous les murs de Rome. L'architecte M. Louis-Jules d'André, Parisien en donna le dessin et on y lit ce qui suit :

Aux soldats français morts sous les murs de Rome en MDCCCXLIX, leurs frères d'armes du corps expéditionnaire de la Méditerranée.

monument sépulcral érigé à la mémoire des vaillants Français morts en 1849, en combattant, sous les murs de Rome, et dans la chapelle dédiée à Marie, le tombeau de l'immortel Pimodan, mort à Castelfidardo, pour la défense du Souverain Pontife. N'ayant pas été avertis à temps, nous n'avons pu assister au sermon de M. Duquesnay, mais des zouaves que nous connaissions nous en firent un résumé fort intéressant (1). D'ailleurs, ce même soir, nous allions rendre notre visite à Son Éminence, Mgr le cardinal de Paris, notre Archevêque, au palais Ruspoli dans les appartements qu'avait occu-

Une messe quotidienne pour le repos de leurs âmes a été fondée dans cette église par le Souverain Pontife Pie IX.

Prions pour eux,
Honneur et Patrie.　　　　　　　　(Nibby).

(1) Les zouaves pontificaux, soit dit en passant, ne sont pas des soldats sans discipline et sans noblesse comme ont osé le dire quelques ennemis de la cause romaine. Cette milice n'étant pas soumise à une règle aussi sévère que nos troupes et comptant dans ses rangs des zouaves encore jeunes, n'offre peut-être pas au même degré que nos zouaves français l'air redoutable et martial qui les distingue. Néamnoins ils portent bien leur costume et ont un bon esprit ; quant à de la bravoure ils en ont fait preuve à Castelfidardo et en bien d'autres circonstances, c'est donc en somme une milice très-estimable ; plusieurs appartiennent à des familles distinguées et servent par pur dévouement. Pour tout dire, le Saint-Père aime ses zouaves, cela nous suffit. Je ne prétends pas dire toutefois qu'ils lui seraient d'un secours suffisant contre les forbans de la révolution.

pés le général de Goyon. Nous étions bien aise de nous acquitter de ce doux devoir à la fin d'une si heureuse journée et de faire part à notre premier pasteur des saintes émotions dont nos âmes avaient été remplies.

Notre audience chez Monseigneur ne pouvait être longue : il était tard ; quelques personnes de qualité occupaient la place avant nous. Mais nous éprouvions une grande joie de nous retrouver en présence de notre vénéré supérieur et de recueillir quelques-unes de ses paroles bienveillantes à quatre cents lieues de notre diocèse. Nous aimions aussi à nous retrouver en présence des ecclésiastiques que nous avons coutume de voir auprès de son auguste personne.

La fête de la journée avait fait une si vive impression sur tous les cœurs, qu'on ne parlait que sur ce sujet dans les réunions ; ici chacun était heureux de dire devant Son Éminence tout ce qui l'avait le plus édifié et émerveillé : la personne du Saint-Père, l'enthousiasme des populations en recevant sa céleste bénédiction, la part immense que prenaient les Romains à ces démonstrations d'amour. Ne prouvaient-elles pas, ces démonstrations, combien mentent certains journaux qui prétendent que les Romains soupirent après un autre gouvernement et n'attendent que le jour où la révolution aura consommé son œuvre en enlevant au Pape son pouvoir temporel.

M. l'abbé de Cuttoli nous fit savoir que le lendemain devait être célébré un service anniversaire en mémoire de Grégoire XVI, dans la chapelle Sixtine, au Vatican, que le Saint-Père devait présider la cérémonie et que nous pourrions nous-mêmes nous y trouver et unir nos prières à celles du Souverain-Pontife pour le repos de l'âme de son prédécesseur ; nous devions vraiment nous estimer heureux de cette nouvelle bonne fortune, et cependant nous ne nous doutions pas encore de tout le bonheur qui nous était réservé à l'occasion de cette cérémonie.

En traversant le Corso pour nous rendre à notre demeure, nous nous mîmes à admirer les nombreux équipages qui se croisaient et formaient deux files non interrompues (1) ; les attelages étaient fort beaux. Les Romains sont fiers surtout de leurs beaux chevaux noirs ; s'ils ne sont pas aussi grands que

(1) La rue du Corso tire son nom des courses de chevaux qui s'y font depuis le temps de Paul II. C'est la principale rue de Rome; elle a un mille de longueur et va en droite ligne depuis la place du peuple qui est à l'entrée de Rome jusqu'aux pieds du Capitole à l'autre extrémité ; si cette rue n'est guère plus large que notre rue Saint Honoré, elle est plus droite et a l'avantage d'être ornée dans son parcours de plusieurs beaux palais. Elle a d'assez jolis trottoirs et est pavée comme presque toutes les rues de Rome avec un petit pavé très-uni.

les chevaux anglais, leur allure est noble et fière ; on voit qu'ils ont été nourris dans d'excellents pâturages, meilleurs même, peut-être, que ceux de France, quoique la main de l'homme n'y ait pas concouru. Ces beaux coursiers tiennent la tête droite, ils ont les jambes fines et ils sont ardents. Leur trot est noble et rapide.

Notre cher recteur, qui ne nous avait pas accompagné cette fois chez Mgr le cardinal, fut donc agréablement surpris lorsque nous lui fîmes savoir que le lendemain matin il aurait à mettre l'habit noir et la cravate blanche, costume prescrit aux laïques pour être admis dans la chapelle Sixtine, parce qu'il nous serait donné d'assister encore une fois à un office présidé par le Saint-Père.

Ce jour-là nos messes étant célébrées de bonne heure, j'allai en mon particulier au café Nuovo ; je revis, non sans quelque plaisir, mon Anglais, et, prenant place à côté de lui, je commençai par lui demander comment il allait, et s'il était content des quelques jours qu'il venait de passer à Rome ? « Ne m'en parlez pas, monsieur l'abbé, me dit-il, je ne m'habituerai jamais à ce pays, il y fait une chaleur insupportable ; notez qu'il se drapait dans le grand manteau que je lui avais vu dans le wagon ; je n'ai plus d'appétit, c'est bien triste, monsieur

l'abbé ! je crois que j'ai attrappé ce que j'appréhen-
dais tant, une sueur rentrée. Mon docteur, à Londres, m'avait recommandé de ne pas me découvrir
en Italie ; couvrez-vous donc, monsieur l'abbé,
vous allez être malade aussi ; quel détestable pays !
Vous voyez ce que je prends, c'est une glace ;
mon estomac n'est pas capable de supporter autre
chose. — Ne feriez-vous pas bien, lui dis-je, de
consulter un médecin de ce pays-ci ? — C'est ce
que j'ai déjà fait, M. l'abbé, mais le médecin que
j'ai vu ne m'a pas paru être un Hippocrate, et il ne
faut pas vous en étonner : est-ce qu'il peut y avoir
d'habiles médecins dans un pays aussi ingrat ?
Quand je lui ai demandé quel était mon mal,
savez-vous ce qu'il m'a répondu ? Il m'a dit, ce
n'est rien : c'est tout simplement une perte d'appétit ; prenez une glace pour vous rafraîchir. Je
vous demande, M. l'abbé, s'il est permis à un médecin de parler ainsi ? dire qu'une perte d'appétit
n'est rien ! Mais, en Angleterre, on regarde cette
indisposition comme un mal très-grave ; néanmoins je m'en tiens à ce qu'il m'a dit, je prends
une glace ; hélas ! quand je songe que je ne mange
plus, moi qui en Angleterre mange de la viande à
tous mes repas avec ce que vous appelez en France
des pommes de terre ! Et il se mit à exhaler un

profond soupir qui me pénétra le cœur. Il me semble, lui répondis-je, que vous feriez bien, dans la journée, de prendre un peu de nourriture solide pour donner du ton à votre estomac qui est habitué à une digestion vigoureuse.

Puis je le mis sur un autre sujet ; je lui demandai, entre autres choses, ce qu'il pensait des mœurs et des habitudes des Romains ; comme homme du monde, il devait être à même de m'instruire, mais n'avais-je pas à me défier de ses appréciations ? car, semblable à ceux qui ont la jaunisse et qui voient tout en jaune, il ne trouvait rien de bien à Rome. C'est sur ce sujet surtout qu'il se montra un censeur et un critique mordant ; administrations, milice, particuliers, membres du clergé, personne ne fut à l'abri de ses diatribes ; c'était au point que je me crus obligé de l'interrompre et de lui dire : Mais, monsieur, pour avancer de telles assertions, il faut connaître des faits, et en avez-vous à citer ? — Ah ! M. l'abbé, des faits, il n'en manque pas ; et il se mit à m'en raconter qui me parurent si peu vraisemblables que je lui dis encore : Avez-vous été le témoin oculaire de ces faits, du moins de quelques-uns ? — Non, M. l'abbé, ce serait mentir que de vous l'affirmer, mais ils m'ont été rapportés par des personnes dignes de foi ; il est vrai, ajouta-t-il, que dans d'autres villes d'Italie, à Naples surtout, c'est encore pire (1). — Cela me suffit, lui répondis-je avec un peu d'humeur, je n'aime pas à entendre calomnier les peuples, non plus que les particuliers, et surtout les ecclésiastiques, car j'ai toujours présente à l'esprit cette parole de Dieu dans l'Écriture : *Nolite tangere christos meos :* « Ne touchez pas à mes christs. »

Pour moi, je vois à Rome beaucoup de bien dont on ne parle pas, et je ne vois guère le mal dont on parle tant. Je sortis en saluant mon hôte, il avait l'air peu content de lui-même, c'était ce que je désiras, j'étais loin pourtant de lui en vouloir.

Notre *via frattina* n'était pas sans charmes; du café Nuovo, qui se trouve au commencement et à l'endroit le plus large, elle va traversant le Corso et conduit jusqu'à la place d'Espagne. Le matin, en sortant de notre demeure, nous aimions à voir quantité de chèvres couchées le long des maisons,

(1) C'est une manie de certaines personnes, surtout de celles qui sont peu catholiques, d'aimer à critiquer les Italiens, et en particulier les Romains, de mal penser de ces peuples, de leurs mœurs et de leurs coutumes, et d'avancer comme certaines toute sorte de calomnies inventées ordinairement par la malignité humaine.

et attendant que leur maître vint les traire. Ces chèvres, nous disions-nous, doivent remonter en ligne droite, au moins, jusqu'à celles que le poëte de Mantoue a chantées dans ses divines églogues (1).

Ite, meæ felix quondam pecus! ite capellæ!

Nous nous rendîmes, le 30 mai, vers la fin de la matinée à la chapelle Sixtine. Depuis notre arrivée, c'était la première fois que nous visitions le Vatican et Saint-Pierre de Rome. Pour être sincère, je dois dire que je fus en quelque sorte étonné d'être amené dans ces lieux si magnifiques par des chemins trop peu en harmonie avec tant de grandeurs (2). Je m'étais, d'ailleurs, imaginé, d'après

(1) Le matin, dans beaucoup de rues, le long des maisons et aussi sur plusieurs places de Rome on voit une grande quantité de chèvres qui attendent que les chèvriers viennent les traire : elles disparaissent à la fin de la matinée; leurs maîtres les renferment dans des étables ou les mènent brouter hors de la ville. Cette coutume doit être fort antique.

(2) Lorsque pour la première fois on arrive sur cette place après avoir traversé des rues qui contrastent d'une manière sensible par leur apparence avec la magnificence qu'on s'attend à trouver à Saint-Pierre et au Vatican on se sent comme frappé d'admiration et d'étonnement, car il semble qu'on soit transporté dans un autre monde. Une aire immense s'ouvre devant vous ayant environ mille sept cent soixante-quinze pieds de longueur, au milieu se trouve la place proprement dite formée par une double colonnade circulaire, elle est parfaitement régulière et de forme elliptique, c'est le chef-d'œuvre de l'architecture moderne; elle est décorée au milieu par un obélisque et par deux fontaines sur les côtés.

les tableaux qui nous représentent l'extérieur de Saint-Pierre de Rome, que ce monument gigantesque, ainsi que la place qui le devance, étaient très-dégagés, qu'on devait s'y rendre par des voies spacieuses ; mais non, il y a des bâtiments assez audacieux pour venir obstruer et fermer jusqu'à un certain point l'entrée d'une des plus belles places du monde. Il est fâcheux de voir le plus admirable de tous les monuments, la véritable merveille du monde ainsi resserrée par des maisons qui en masquent les abords.

Nous montâmes donc au Vatican, et nous fûmes introduits dans la chapelle Sixtine. En attendant l'office, nos yeux ne pouvaient assez admirer les magnifiques peintures de Michel-Ange, surtout l'immense fresque représentant le jugement dernier que le grand artiste a peinte au-dessus de l'autel. Ce tableau est regardé comme le chef-d'œuvre de ce peintre immortel (1). Bientôt les chants retentirent, les offi-

(1) Le nom de cette grande chapelle vient de Sixte IV qui la fit construire vers l'an 1473 sur les dessins de Baccio Pintelli. Le célèbre Michel-Ange Buonarroti a peint à fresque la grande voûte en vingt mois, sans être aidé de personne. Il fit aussi l'immense fresque que l'on admire au-dessus de l'autel : elle représente le jugement dernier ; il y travailla trois ans, elle est regardée comme un chef-d'œuvre. Au milieu de ce grand tableau Michel-Ange a placé Jésus-Christ avec sa mère, environnés des apôtres et d'une multitude d'autres saints ; au-

ciants furent à l'autel ; le Souverain Pontife prit place sur son trône. La messe fut célébrée avec accompagnement de chants graves, comme il convient à une cérémonie funèbre, mais avec pompe toutefois.

L'office terminé, nous sortions lentement, jetant quelques derniers regards sur tout ce qui servait à orner le lieu saint, lorsqu'un ecclésiastique de notre connaissance, M. l'abbé de Lescailles, nous fit savoir que le Saint-Père allait recevoir en audience particulière les prêtres du clergé de Paris, avec Mgr le cardinal Morlot, dans la salle Clémentine. Déjà plusieurs s'y sont rendus ; notre embarras est de trouver cette salle : nous voilà parcourant en toute hâte les corridors de l'immense palais, sur des indications douteuses pour arriver à la salle Clémentine ; mais, comme si la fatalité nous poursuivait, nous ne pouvions y parvenir : dans notre ignorance de la langue italienne, nos questions ne sont pas comprises, on nous renseigne mal ; nous allons, nous venons, le temps s'écoule, il fait une chaleur exces-

dessus on voit les anges qui portent en triomphe les instruments de la Passion : plus bas est un groupe d'anges qui sonnent de la trompette pour faire sortir les morts de leurs tombeaux et les appeler au jugement. D'un côté les anges aident les élus à monter au ciel, tandis que de l'autre les démons entraînent à l'enfer les réprouvés dont la vive résistance produit des combats horribles (Nibby).

sive, et nous nous épuisons en vain : quel regret ! nous disions-nous ; manquer une si belle occasion de voir le Pape ! Après vingt minutes au moins de courses inutiles, le cœur gros, nous nous dirigions vers la sortie pour rejoindre notre recteur qui avait dû nous quitter. En désespoir de cause, nous nous adressons à l'un des derniers gardes qui se trouvait sur le perron qui domine la place ; il nous comprend, et, heureusement, nous montre, tout auprès de nous, l'escalier qui conduit à la salle Clémentine.

V

AUDIENCE DU SAINT-PÈRE.

En entrant dans la salle Clémentine, notre fatigue se dissipa comme par enchantement. Nous nous trouvions encore en avance, l'audience n'étant pas commencée. Plusieurs ecclésiastiques de Paris étaient présents avec Mgr le Cardinal; entre autres, on pouvait remarquer M. l'abbé de Cuttoli, M. le curé de Saint-Thomas d'Aquin, M. le curé de Saint-Laurent, M. l'abbé de Lescailles. Il y en avait encore plusieurs dont les noms nous échappent. Quelques prêtres de Paris, qui firent le voyage, n'y étaient pas, par la raison qu'ils n'étaient pas encore rendus à Rome.

Le Souverain Pontife donna cette audience dans sa chambre, qui est contiguë à la salle Clémentine. Il se tenait si peu distant de nous, que nous ne pouvions faire les trois génuflexions qu'on a coutume de faire quand on aborde sa personne sacrée. Sa

Sainteté semblait ne pas exiger l'accomplissement du cérémonial; nous ne demandions pourtant qu'à nous en acquitter avec fidélité. Auprès de lui étaient une table et un encrier. Quelle était la forme de sa chambre, la couleur, la dimension, il nous serait bien difficile aujourd'hui de le dire; nos yeux, pendant toute la séance, n'ont contemplé qu'un seul objet; et cet objet, c'est la personne du Saint-Père; aussi ses traits seront toujours gravés dans nos cœurs; ils nous sont aussi connus que ceux de notre père et de notre mère. Quelle sérénité sur son auguste front ! Quel air de bonté et d'aménité ! Ah ! vraiment, jamais figure aussi vénérable ne s'était présentée à nos regards; elle donne une touchante idée de la bonté de Dieu conversant parmi les hommes; surtout elle inspire la plus tendre confiance; pour moi, je ne m'étais jamais senti si vivement impressionné, et en même temps si à l'aise. Un des prêtres les plus anciens, entraîné par le même sentiment, se permit de lui baiser la main à la suite de Mgr le Cardinal : je fis de même; mais l'usage est que les ecclésiastiques du second ordre, ainsi que les fidèles, baisent simplement sa mule. Nous réparions notre faute; le Saint-Père, qui n'accepte qu'avec peine les hommages dus au représentant de Dieu, s'en défendit comme pour nous faire honneur : « Non, nous dit-il avec une aimable gaieté, pas les pieds ; les mains, à la bonne heure. Dans quelques jours, je recevrai tout le clergé dans la chapelle Sixtine ; on sera bien serré, je le crains ; le clergé français, qui m'est si cher, est venu en grand nombre ; mais, ce jour-là, je ne me laisserai pas baiser les pieds ; je n'aurai plus de pieds. » Mgr ayant rappelé au souvenir de Sa Sainteté quelques ecclésiastiques de son diocèse, le Saint-Père montra par ses paroles qu'ils étaient présents à sa pensée. N'y avait-il pas lieu de s'étonner surtout de le voir suivre certains détails sur l'état du diocèse de Paris, se montrer au courant des différentes paroisses de cette ville et de ceux qui les administrent? C'est là certainement un grand phénomène que cette connaissance détaillée et cette vue d'ensemble du père commun des fidèles embrassant la catholicité tout entière ; car il se rend compte de tout ce qui se passe dans l'Église universelle jusqu'aux extrémités de la terre ; et il faut bien qu'il en soit ainsi, sa sollicitude s'étendant sur tous ses enfants : *Sollicitudo omnium ecclesiarum.*

Le bon pasteur connaît ses brebis et ses brebis le connaissent. De même que de tous les points du monde, les catholiques, sous la conduite de leurs évêques et de leurs pasteurs, ont les yeux tournés vers le père commun, auguste représentant de Jésus-Christ; de même le Pontife suprême, assis sur le trône papal, porte ses regards paternels sur tous ses enfants, et il ne cesse d'élever ses mains vers le ciel pour le salut de tous; et c'est ainsi qu'il n'y a qu'un seul troupeau et un seul pasteur : *Unum ovile et unus pastor.* O merveille des merveilles! Qu'ils sont donc aveugles, ceux qui n'ont pas d'admiration pour l'Église! Qu'ils sont stupides, ceux qui n'ont pas de cœur pour l'aimer!

Quelques-uns d'entre nous s'empressèrent de présenter à Sa Sainteté des objets à bénir. Je lui fis toucher tout ce que j'avais d'objets de piété sur moi. M. Duquesnay avait une feuille à faire signer, et Mgr le Cardinal, qui craignait de fatiguer Sa Sainteté, hésitait à la lui présenter; mais le Saint-Père avança lui-même la main, prit la feuille et se mit à lire ce qu'elle contenait. M. Duquesnay eut bientôt la signature qu'il demandait, et nous étions vraiment jaloux de son bonheur.

Il convenait d'exprimer au Saint-Père la part que nous prenions tous, comme représentants du clergé de Paris, à ses maux, dans des temps aussi fâcheux pour l'Église et le Saint-Siége. A ce sujet, il nous reprit tendrement en nous disant qu'il ne fallait pas se tourmenter. «Pour moi, ajouta-t-il, j'ai confiance dans la bonté de Dieu; c'est lui qui veille sur son Église, comme premier intéressé, et, à ce titre, il y veille avec bien plus de sollicitude que nous; il saura la faire triompher; n'est-il pas le Tout-Puissant? Je crois qu'au moment où on y comptera le moins, il se manifestera et il fera que les choses s'arrangeront contre toute espérance. » Ces paroles, prononcées avec l'accent de la conviction, nous parurent une véritable prophétie, et elles remplirent nos cœurs d'une consolation et d'une joie inexprimables. Puis le Saint-Père promit d'accorder aux curés le pouvoir, en rentrant dans leurs paroisses, de donner une fois la *bénédiction papale* (1). Nous eussions bien voulu prolonger la séance, car nous pouvions dire, comme saint Pierre sur le Thabor : *Domine, bonum est nos hic esse :* « Seigneur, il nous est bon d'être ici. » Monseigneur, après une petite demi-

(1) Le pape est âgé de soixante-dix ans; il est d'une taille ordinaire, plutôt avantageuse; voici en quelques mots tel qu'il nous est apparu : le visage peu coloré, mais d'une belle fraîcheur, d'un blanc de satin qui contraste assez avec le teint ordinaire des Italiens. Sa physionomie inspire une entière confiance, on se sent invité à lui parler ; le sourire est sur ses lèvres, et son beau front est plein de sérénité, de sorte qu'il est vraiment plus beau à voir en sa personne que sur ses portraits. Son costume habituel est la soutane blanche. Plusieurs ennemis de la papauté se sont convertis en le voyant et en lui parlant. Il s'exprime en français avec facilité, mais en accentuant les mots comme font toutes les personnes du Midi.

heure, crut devoir, par discrétion, faire cesser l'audience, et nous quittâmes avec regret celui que nous aimons à nommer notre père.

Son Éminence voulut faire profiter ses prêtres de l'occasion si opportune pour aller visiter le cardinal Antonelli. Nous suivîmes notre archevêque avec empressement et reconnaissance; il n'y avait qu'à monter un étage de plus (1). Les appartements du cardinal ministre, sans être d'une grande somptuosité, accusent un amateur distingué des objets d'art, et surtout des antiquités; son salon est un vrai musée. Antonelli est vif, affable, grand; sa figure annonce ce qu'il est, un cardinal de la sainte Église, en même temps qu'un grand diplomate, un politique ferme, habile, profond, intègre. Quand nous le quittâmes, il garda Mgr le cardinal Morlot et l'emmena dans une autre pièce. En nous retirant, nous admirions dans sa première antichambre un tableau fort intéressant, dont lui-

____

(1) Le cardinal Antonelli parle également le français aussi bien que sa propre langue; il est grand de taille et assez mince, dans la force de l'âge. On ne le voit pas souvent avec les autres cardinaux, à cause des occupations nombreuses de sa charge. Les Romains, aussi bien que les étrangers, ont une haute idée de son génie; c'est le bras droit du Saint-Père, le ministre dévoué qui tient tête aux ennemis de Rome, qui s'occupe de tout, qui embrasse tout, aussi bien à l'intérieur qu'à l'extérieur.

même, disait-on, avait fourni le sujet au peintre.

N'étant plus que nous deux, M. le curé de Saint-N*** et moi, nous crûmes devoir profiter du moment pour jeter un premier coup d'œil dans l'intérieur du Vatican et de Saint-Pierre; mais, comme on doit le comprendre, il y avait trop d'objets à voir pour le peu de temps dont nous avions à disposer; c'est à peine si nos regards pouvaient s'arrêter devant les nombreux chefs-d'œuvre de Raphaël, du Bernin, du Corrège, de Michel-Ange et de tant d'autres illustrations de la peinture et de la sculpture. Ce qui arrêta le plus notre attention, ce fut la suite des chambres de Raphaël, ainsi appelées, parce qu'elles ont été peintes par ce génie immortel; la salle de Constantin, par exemple, qui contient un immense tableau représentant la victoire de Constantin sur Maxence; celle d'Héliodore, où l'on voit ce profanateur du temple de Jérusalem terrassé et flagellé par les anges de Dieu; la salle d'Athènes, où sont représentés sur un magnifique plan tous les anciens philosophes de la Grèce.

Mais quelle fut notre admiration en voyant pour la première fois l'intérieur de l'immense basilique de Saint-Pierre, qui n'a point sa pareille au monde! Nos yeux furent vraiment émerveillés et entièrement satisfaits. Un seul sentiment débordait dans notre cœur, celui du contentement ; oui, nous nous sentions heureux dans cette église ; nous avions pu auparavant nous en faire une autre idée, lui supposer une forme différente, attendre d'autres surprises ; mais cette fois la réalité était loin de causer une déception. La grande nef, la voûte, la coupole gigantesque, la confession de Saint-Pierre, tout à nos regards apparaissait admirable de grandeur et de beauté. On ne pouvait voir cependant la nef dans sa beauté naturelle, parce qu'un immense décor en modifiait beaucoup l'aspect ; nous ne nous aperçûmes pas de suite de ce retranchement, et l'édifice nous parut extraordinaire, prodigieux, digne de l'Éternel. L'âme chrétienne, dans cette enceinte, se dilate et s'élève vers Dieu ; il lui semble que cette église soit son œuvre, et, en effet, elle est l'œuvre du catholicisme, dont nous tous, chrétiens, sommes les membres. Aussi un noble orgueil s'emparait de notre cœur, parce que, comme catholiques, nous nous voyions possesseurs du plus beau sanctuaire qui soit et qui ait jamais été ; car c'est une des gloires du catholicisme de posséder le plus beau temple qui ait jamais été construit pour Dieu ; gloire qui, certes, dit quelque chose.

Parcourir tout l'édifice, et en prendre une première connaissance, ne fut pas l'affaire d'un instant, et nous pouvons dire que nous passions d'étonnements en étonnements; notre regard mesurait la nef, qui forme le bras de la croix, et qui surpasse en longueur, en largeur et en hauteur la grande nef et le chœur de nos plus vastes cathédrales. Un objet d'effroi s'offrait en même temps à nos yeux : c'étaient ces hardis Italiens qui, pour disposer les lustres et autres décors, se tenaient suspendus aux voûtes par des cordes : ils étaient à une telle hauteur, qu'ils apparaissaient, à ceux qui les voyaient d'en-bas, comme des enfants. Ils se balançaient dans l'air pour descendre et remonter au-dessus des énormes corniches, et semblaient se jouer du péril. Le fond du chœur était fermé par des planches, ce qui n'empêchait pas les visiteurs de pénétrer plus avant, et de pouvoir contempler à l'aise cette fameuse chaire de Saint-Pierre, qui est portée par quatre figures colossales, représentant les quatre principaux docteurs de l'Église, et qui est surmontée d'une gloire magnifique. Tout nous ravissait et nous captivait; mais cette visite ne devait pas être la dernière que nous voulions faire à ces saints lieux, et nous aurons plus tard l'occasion d'entrer dans de plus longs détails.

Il fallait enfin partir ; n'était-il pas temps d'ailleurs de revoir notre cher compagnon, le recteur, qui avait dû nous quitter au sortir de la chapelle Sixtine, et de lui raconter notre audience du Saint-Père ? Mais lorsque nous rentrâmes, notre récit ne pouvait être de longue durée, la lassitude se fit sentir, et nous éprouvâmes le besoin impérieux d'imiter les Romains, qui se reposent dans le plus fort de la chaleur en faisant la sieste (1). On ne revient pas d'une promenade comme celle que nous avions faite, sans en rapporter une grande fatigue. Cependant, quand nous étions ensemble, nous avions pour l'ordinaire trop de choses intéressantes à nous dire pour consentir à passer le temps dans le sommeil. Nous nous faisions part de nos impressions particulières, émettant chacun nos appréciations sur les mœurs et sur les coutumes du pays, sur le caractère des habitants, sur l'administration ; nos sentiments, tout en se rapprochant assez, différaient pourtant quelquefois ; mais ordinairement, du choc

(1) C'est, comme nous l'avons déjà dit, un usage assez général en Italie, ainsi qu'en Espagne et dans tous les pays chauds de faire la sieste, c'est-à-dire de se reposer pendant le milieu du jour en prenant un peu de sommeil. Nous n'usions guère de cette permission, n'ayant à disposer que de peu de jours à Rome et désirant voir toutes les curiosités que cette ville renferme. Les journées entières elles-mêmes ne nous suffisaient pas.

des opinions jaillit la lumière. Chacun de nous profitait de ces petits débats et finissait par se former un jugement plus arrêté et plus éclairé sur beaucoup de points.

VI

RÉCEPTION D'UNE VISITE. — PROMENADE.

Les journées s'écoulent trop vite à Rome pour ceux qui n'ont que quelques semaines à y passer ; et, comme je l'ai déjà dit, nous ne voulions en laisser passer aucune sans la mettre à profit. Le samedi donc, après nos occupations du matin, notre messe, le déjeûner, etc., nous nous préparions à sortir, nous nous concertions sur le lieu que nous voulions visiter ; mais l'homme propose et Dieu dispose : au moment de partir pour voir les catacombes, une visite inattendue nous fixa chez nous pour le reste de la matinée ; c'était une dame romaine (1), la

(1) Au sujet des dames romaines, voici ce que nous avait dit un visiteur de la veille : elles ont une grande foi ; celles qui appartiennent à une certaine classe surtout ont de la fierté et de la noblesse de sentiment, sans compter les avantages qu'elles peuvent avoir de la nature ; elles ont un maintien grave et noble, auquel la religion, ôtant ce qui tiendrait trop de l'orgueil, ajoute souvent cette expression angélique que Raphaël et Michel-Ange ont su si bien reproduire sur leurs toiles admirables.

propriétaire de notre maison, avec sa fille et un monsieur de sa parenté. Ces dames ainsi que le monsieur savaient parler le français.

Après les quelques paroles d'usage que l'on s'adresse tout d'abord lorsqu'on se visite, nous parlâmes des merveilles que nous avions été à même de voir déjà, et nous n'avions que trop à raconter. Le principal thème de notre discours roula ensuite sur notre audience du Saint-Père ; nous aimions à raconter les moindres détails de cette mémorable réception dont le souvenir nous était si cher, les paroles de Sa Sainteté, ses manières si aimables, la confiance inaltérable qu'il montre au millieu des grandes inquiétudes du moment. Il nous semble, disions-nous, que le Saint-Père, accablé d'occupations comme il doit l'être toujours, et comme il l'est surtout pendant ces jours, à un âge déjà avancé, se prodigue beaucoup : est-ce que dans tous les temps il accorde ainsi de fréquentes audiences? La plus âgée de ces dames nous répondit que le Saint-Père recevait presque tous les jours vers cinq heures de l'après-midi les personnes qui demandaient audience, que beaucoup de ses réceptions étaient pour les officiers et soldats français, qu'il aimait à les voir, à leur demander des nouvelles de leurs familles, à leur donner des chapelets et des médailles bénites de sa main pour leurs mères et pour eux-mêmes. A ce sujet, comme nous lui parlions de la complaisance avec laquelle le Saint-Père avait signé une feuille que lui avait présentée monsieur le curé de Saint-Laurent, cette dame nous dit que le Pape était tellement sollicité pour des signatures, qu'il n'y pouvait suffire, et que souvent il se faisait retirer sa table et son encrier pour avoir un prétexte de refuser; mais, ajouta-t-elle en souriant, le moyen ne réussit pas toujours. Ainsi, dernièrement, comme il recevait des soldats français, l'un deux présente à Sa Sainteté un papier à signer; le Saint-Père s'en défend en lui disant d'une manière affable : « Mon ami, je ne le puis, vous voyez que je n'ai ni encrier ni plume. — Très-Saint Père, qu'à cela ne tienne, répond joyeusement le soldat en mettant la main dans son estomac, j'en ai là un petit qui pourra faire l'affaire; » et il présente aussitôt un petit encrier portatif avec une plume. « Mais, mon ami, ajoute le Saint-Père, je ne puis écrire en l'air et je n'ai pas de table. — Écrivez sur ma tête, Saint-Père, » et le voilà se mettant à genoux devant le pape et lui présentant le dessus de sa tête en guise de table. Le Saint-Père, attendri jusqu'aux larmes, signe la lettre. Cette histoire nous intéressa vivement; nous reconnûmes là le génie inventif du soldat français et son amour pour le chef de la religion. Cette dame nous assura qu'il ne se passait pas de jours sans que de pareils faits se renouvelassent : « On pourrait, si on le voulait, nous disait-elle, en composer un recueil très-précieux. — Mais le peuple romain, disions-nous, doit alors aimer beaucoup le Pape ? Pensez-vous, madame, qu'il l'abandonnerait si Rome était laissée à la merci des émissaires de la révolution ? — Ah ! messieurs, il est certain que le Pape est aimé de son peuple; comment pourrait-il en être autrement? Il est si bon, si saint, si bienfaisant ? Que d'œuvres n'a-t-il pas faites pour mériter l'affection des Romains ? Mais vous devez savoir vous-mêmes que n'importe dans quel pays le peuple est toujours prêt à se laisser entraîner par ceux qui le flattent. On ne le trouve plus quand il s'agit de défendre un pouvoir qui est attaqué. Aujourd'hui moins encore que jamais, la multitude est disposée à s'armer pour la défense d'un principe et d'un droit attaqués. »

Le parent de cette dame nous dit de son côté qu'il y avait à Rome, dans le moment actuel, même au milieu de la foule immense des étrangers, qui était toute pour le pape, un grand nombre d'hommes tout prêts à faire la révolution si on leur en laissait la possibilité; que ces hommes ne se montraient guère, de sorte que ce n'était pas nous étrangers qui pouvions les reconnaître, mais qu'ils sont un peu partout et qu'ils n'échappent point aux regards pénétrants de l'agence française à Rome. Nous prolongeâmes le plus longtemps possible cette conversation si instructive pour nous, mais enfin ces personnes durent nous quitter.

Restés seuls, nous délibérâmes s'il fallait sortir. M. le Curé nous répondit qu'il voulait imiter les Romains qui se reposent pendant le fort de la chaleur : *A Rome comme à Rome.* M. S*** me proposa une promenade sur le Pincio que nous n'avions fait qu'entrevoir à l'entrée. C'est un lieu très-élevé au nord-ouest de la ville ; il commence à la Trinité-des-Monts et va jusqu'à la place du Peuple en formant une promenade magnifique sur une terrasse très-élevée ; on appelle ce lieu la promenade des Romains. Voyez ce qu'en dit l'auteur de l'*Itinéraire de Rome* (1).

(1) Jusqu'au commencement du siècle présent cette partie du mont Pincio n'offrait que des vignes. Ce fut lorsque Rome était sous la domination française que l'on songea à y former une promenade publique dont l'exécution fut confiée à l'architecte Valadier. Mais tandis qu'on exécutait une si belle décision, Rome rentra sous le gouvernement légitime, et ainsi le Pontife Pie VII qui était remonté sur son siége ordonna que les travaux de la promenade fussent continués et achevés avec la magnificence qui convenait à Rome.

La grande esplanade terrassée de cette promenade, d'où l'on

J'accepte l'offre avec empressement; il ne nous fallait que dix minutes pour nous y rendre. Nous y arrivâmes par la place d'Espagne, en gravissant les degrés qui mènent à l'église de la Trinité-des-Monts. Un petit attroupement au bas de ces degrés arrêta un instant notre attention : c'était une jeune femme du peuple qui se trouvait mal; un geste involontaire qu'elle fit pour retenir son bonnet qui allait tomber nous fit craindre que son évanouissement ne fût qu'une feinte pour se faire donner de l'argent. Il ne manquait pas de pauvres véritables qui nous tendaient la main, et nous avions pour coutume de leur donner afin d'obéir au précepte de la divine charité, qui ne nous permet pas de fermer notre cœur à la prière de ceux qui manquent. Et serait-il raisonnable de regretter la présence des pauvres dans la ville éternelle, puisque la foi nous

jouit du coup d'œil de presque toute la ville et de ses environs, est divisée en vastes places et en longues et spacieuses allées ombragées d'arbres; quelques compartiments sont cultivés en jardins, et d'autres sont plantés d'arbres en guise de bosquets.

En descendant de cette promenade par une allée spacieuse et d'une pente douce en forme de zigzags, on parvient à la place du Peuple, tout à fait au nord de la ville. (Nibby.)

Cette terrasse, pour la hauteur et la beauté, me rappelait assez celle de Saint-Germain-en-Laye, avec cette différence considérable, que de celle-ci on ne voit que la campagne, au lieu que du mont Pincio nos yeux découvraient la ville de Rome tout entière.

dit qu'ils sont les amis de notre Dieu ? Le Seigneur, qui nous avertit dans l'Évangile que nous aurons toujours des pauvres parmi nous, nous défend par là même de détester leur présence ou de ne la supporter qu'avec peine. Il permet qu'ils s'abritent à l'ombre de la montagne sainte, afin que leur présence nous rappelle un des principaux devoirs de nôtre divine religion. Rome, sous ce rapport, doit ressembler à l'antique Jérusalem, où les pauvres, selon ce que nous apprend l'Évangile, ne manquaient pas. L'Église, dans sa haute sagesse et en vue du principe par lequel elle respecte la liberté de l'homme, laisse au pauvre le droit de se présenter lui-même devant le riche, et laisse à la discrétion et au bon vouloir de celui qui possède à décider lui-même s'il doit donner ou refuser. Ce système vaut bien celui qu'on suit en Angleterre, où le riche, après avoir donné la taxe, est censé quitte envers le pauvre et peut détourner de lui ses yeux, sans s'apitoyer sur le tableau de sa misère.

Le mont Pincio forme donc une belle promenade publique sur une terrasse qui est élevée au moins à une centaine de pieds au-dessus du sol de la ville. Cette promenade, qui est en quelque sorte l'ouvrage des Français, fut commencée par eux sous le premier empire, pendant la domination française à Rome. Les Papes, après la chute de l'empire, achevèrent cette belle œuvre qui aujourd'hui ne laisse pas que d'ajouter beaucoup à la beauté de Rome. Voici le récit qu'en fait encore un nouvel auteur: « Le mont Pincio est une des plus belles collines de Rome moderne : rien n'est comparable à la vue qu'on a de ses terrasses. Certes, il n'existe pas de promenade où l'on ait sous les yeux un panorama plus étendu, plus varié et plus délicieusement coloré. L'air y est pur ; ses parterres, ses plantations, ses allées sont bien dessinées, et l'on peut s'y promener à l'aise, soit à pied, soit en voiture. Ce site agréable ne manque pas de monuments qui l'embellissent encore ; plusieurs fontaines alimentées par l'eau *Félice* se mêlent agréablement aux massifs d'arbres. Des espèces d'hermès placés le long des allées soutiennent les bustes de quelques-uns des grands hommes de l'ancienne et de la moderne Italie, et un petit obélisque provenant du cirque Aurélien s'élève au milieu du rond-point où convergent plusieurs chemins. »

Ce qui rend cette promenade délicieuse, c'est surtout que la terrasse, dans toute sa longueur, étant élevée, comme je l'ai dit, à plus de cent pieds au-dessus du niveau de la ville, il en résulte qu'on voit Rome entière à ses pieds. On découvre dans un ho-

rizon immense les superbes édifices répandus çà et
là de toutes parts dans la ville éternelle. Au fond de
la perspective on voit, vis-à-vis de soi, le dôme gigantesque de Saint-Pierre portant jusque dans les
nues la croix étincelante qui le surmonte ; plusieurs
autres apparaissent dans un horizon moins éloigné. A droite, sur le Tibre, vous voyez le château
Saint-Ange présentant dans une forme circulaire ses
antiques créneaux, et sur sa cime majestueuse l'archange saint Michel qui étend ses ailes au-dessus
de la ville sainte comme pour la défendre (1). A
gauche, mais beaucoup plus loin, Sainte-Marie-Majeure.

C'est de cette colline élevée que Rome paraît
véritablement une grande ville, la plus riche du
monde par ses beaux monuments, la plus majestueuse par les ruines célèbres qui rappellent de tous
côtés ses premiers souvenirs. Un feu d'artifice était

(1) Le château Saint-Ange ou mausolée d'Adrien n'est qu'un
reste mémorable de ce qu'il fut dans les temps anciens. L'empereur Adrien, en même temps qu'il fit construire un pont
sur le Tibre, et qu'on appelle le pont Saint-Ange, éleva ce magnifique mausolée à l'imitation de celui d'Auguste pour lui
servir de tombeau. Le noyau de cette rotonde, bien que sensiblement diminué aujourd'hui, a encore deux cents pieds de
diamètre et forme le donjon du château. C'est vers la fin du
seizième siècle qu'on plaça sur le faîte la belle statue en marbre de saint Michel Archange, exécutée par Raphaël de Monte-
Lupo. (Nibby.)

préparé sur le point culminant de la terrasse pour le jour de la Saint-Pierre.

Nous aimions à voir couler les fontaines limpides et abondantes que l'on rencontre là comme partout ailleurs dans Rome. Que d'eau dans cette ville ! me disait mon compagnon, et qu'elle est belle ! Ce n'est pas l'eau jaune du Tibre, il s'en faut de beaucoup. C'est pourtant en partie aux anciens Romains que ceux d'aujourd'hui sont redevables d'un si grand avantage. Ce sont les empereurs surtout qui ont fait arriver dans leur ville l'eau à profusion, pour leurs thermes, au moyen d'aqueducs que l'on retrouve encore ; et certes, Rome serait bien malheureuse si elle était réduite à n'avoir pour son alimentation que l'eau de son fleuve. Puis, lorsque nous avions savouré la fraîcheur des fontaines murmurantes, fraîcheur d'autant plus agréable que l'air était embrasé, nous revenions aux bords de la terrasse voir et revoir encore la ville, et nous nous disions : voilà pourtant le sol où s'étendait, il y a deux mille ans, l'ancienne Rome, dominatrice des nations ! C'est ici qu'ont vécu ces anciens Romains qui ont rempli l'univers et les siècles de leurs noms et qui s'étaient promis un empire éternel ! On retrouve non-seulement les débris de leurs monuments, mais même les traces de leurs coutumes et de leur caractère ; car cet orgueil romain qui caractérise leurs princes et leurs nobles, cet amour de la liberté qui vit dans le cœur de ce peuple, c'est, croyez-le bien, un héritage qu'ils ont reçu des Romains d'autrefois. Que de grands événements se sont passés sur cette terre! que de souvenirs de gloire planent au-dessus de ces monuments nombreux. Rome a toujours été la maîtresse du monde et elle l'est encore d'une manière bien plus glorieuse qu'autrefois sous ses redoutables Césars.

En parlant ainsi nous nous dirigeâmes vers la sortie, et il était temps ; le gardien, qui ne nous voyait pas, venait de fermer la grille et il retirait la clef; nous étions pris comme des oiseaux en cage. Nous passâmes en revenant devant le palais de l'Académie de France, qui se trouve tout près de l'église de la Trinité des-Monts (1), et de retour à la maison, *Via Frattina*, nous trouvâmes M. le Curé achevant d'écrire une immense lettre pour Paris ; nous écrivîmes aussi à nos amis.

Le dimanche étant, par excellence, le jour du re-

(1) Le palais de l'Académie française est un bâtiment superbe tout voisin de l'église de la Trinité-des-Monts, où la France établit sous Louis XIV son école des beaux-arts à Rome, en 1666. Ce palais avait été bâti, dans l'origine, par le cardinal Ricci de Montepulciano. Il est dans une situation éminente et délicieuse, et domine la ville et ses environs.

pos et de la prière, nous voulûmes en profiter pour assister aux offices et nous remettre un peu de la fatigue que nous avions supportée dans toutes nos courses. Nous allâmes donc à l'église Saint-Louis des Français et nous fûmes édifiés par l'affluence et la bonne tenue des fidèles. Nous nous retrouvions, pour ainsi dire, dans une de nos belles paroisses de Paris. C'est dans cette enceinte que Mgr l'évêque de Tulle nous fit entendre sa parole apostolique. Le lecteur sait la place importante que Mgr Berthaud tenait déjà dans nos souvenirs de voyage, comment il nous avait ravis par son éloquence sur le *Pausilippe*. Voici comme en parle un auteur ecclésiastique qui l'a entendu comme nous. « Mgr Berthaud est un homme énergique et un brillant orateur ; j'aime sa manière de prêcher qui n'est celle d'aucun autre ; il a des formes parfois brusques, familières et originales ; enfin il sait trouver le chemin du cœur et va droit au but. » Bien que la réputation du zélé pontife fût déjà faite, nous ne laissâmes pas que de l'augmenter beaucoup dans Rome, à notre arrivée. Aussi vit-il autour de sa chaire un immense auditoire ; l'église, toute grande qu'elle était, paraissait trop petite ; une partie notable de l'assistance était formée d'officiers et de soldats français. L'orateur répéta ce qu'il nous avait dit sur le vaisseau, en y ajoutant toutefois de nouvelles idées; son discours dura plus d'une heure et répondit à l'attente de son nombreux auditoire. Nous apprîmes, en sortant, que Mgr de Tulle devait bientôt se faire entendre de nouveau, mais cette fois sur un théâtre plus vaste encore, à savoir au Colisée. Il fut arrêté qu'il y prêcherait le chemin de la croix. Ce second discours devait faire événement, tant à cause du lieu, que du concours extraordinaire qu'on y vit paraître et aussi de l'impression que produisit le discours de l'orateur; nous en parlerons donc en son lieu avec le détail que mérite un sujet si important.

VII

SAINT-PAUL HORS LES MURS.

La nouvelle semaine qui s'ouvrait devant nous devait nous conduire jusqu'à la grande fête ; mais que d'épisodes allaient se présenter avant ce terme! Notre visite à Saint-Paul hors les murs, au forum romanum, le magnifique discours de Mgr l'évêque d'Orléans à Saint-André de la Vallée, celui de Mgr l'évêque de Tulle au Colisée, la sublimité de la parole à côté de la grandeur des souvenirs évoqués, puis cet édifice sacré et ces ruines imposantes, tout devait remplir notre âme et nos yeux d'une admiration que l'on ressent beaucoup plus vivement qu'on ne saurait l'exprimer.

Mais n'est-il pas temps enfin de parler de ce qui a trait à la mémoire des deux grands apôtres, saint Pierre et saint Paul, qui sont les deux vrais fondateurs de la Rome chrétienne en même temps que les divins protecteurs du Saint-Siége ? Rome, dans son éternelle reconnaissance , se plaît à exalter leur grandeur par ses arts, par ses colonnes, par ses temples. Aimons donc à aller contempler les monuments vénérables qui rappellent à toutes les générations leur passé glorieux. Déjà il nous avait été donné de jeter un premier coup d'œil sur l'église unique et incomparable qui couvre le tombeau de saint Pierre, mais nous n'avions pu visiter encore le lieu de repos du grand saint Paul. Étant chez Mgr le cardinal, notre archevêque, nous reçûmes le conseil d'aller visiter l'église de *Saint-Paul hors les murs ;* je me rappelais aussi la recommandation de mon Anglais, dans le vagon, de ne pas manquer d'aller voir cette église, nous nous fîmes donc conduire vers ce lieu.

La prison Mamertine si célèbre, surtout parce qu'elle renferma dans ses cachots obscurs pendant neuf mois les deux apôtres, se trouvait sur notre chemin, il était à propos de la visiter tout d'abord(1). Quel séjour horrible dans les entrailles de

(1) Le nom de cette prison vient d'Ancus Martius, quatrième roi de Rome; on croit que les criminels étaient descendus par un trou rond qu'on voit dans la voûte et qu'on a grillé, puisqu'à l'origine il n'y avait pas de porte, celles qu'on y voit aujourd'hui sont modernes.

On a donné le nom de *scalæ gemoniæ* à l'escalier qui mène à cette prison à cause des gémissements de ceux qui y étaient conduits. Par ce même escalier on traînait impitoyablement

la terre! Il y fait un froid pénétrant; la lumière de notre guide ne peut percer les ténèbres, tant elles sont épaisses; nous voyons à peine les grosses pierres noires et humides qui forment les murs de ce cachot. Là étaient morts autrefois ceux qui avaient osé conspirer contre le puissant empire dont le joug de fer courbait le front des rois. Mais aujourd'hui la prison Mamertine serait sans gloire si Pierre et Paul n'y avaient imprimé leur impérissable souvenir. En approchant la lumière vacillante, je vois un bas-relief. Qu'il est antique et vénérable ! Il représente saint Pierre et saint Paul dans la prison; le premier baptise à l'aide d'une source mira-

les cadavres des malheureux qui avaient subi leur supplice dans la prison et on les jetait du pont Sublicius dans le Tibre.

Il y avait encore une autre prison au-dessous de celle-ci, construite par Servius Tullius, sixième roi de Rome, pour cette raison elle portait le nom de prison Tullienne. Ceux qui étaient dans la prison Mamertine entendaient les cris et voyaient les souffrances de ceux qui étaient exécutés dans la prison Tullienne. Jugurtha y mourut de faim, Lentulus, Cethegus, Statilius, Gabinius et Cæparius, complices de Catilina y furent étranglés par ordre de Cicéron, Séjan y fut tué par ordre de Tibère.

La tradition pieuse que les apôtres saint Pierre et saint Paul ont été renfermés dans cette prison par ordre de Néron a augmenté sa célébrité et fut aussi le motif pour lequel elle fut consacrée au prince des apôtres. On montre encore dans la prison Tullienne une source d'eau miraculeuse qu'on dit avoir servi à baptiser les concierges de la prison, Procès et Martinien, qui ensuite reçurent le martyre (Nibby).

culeuse ses deux geôliers qu'il a convertis, Procés et Martinien, tandis que saint Paul, le front tout rayonnant de gloire dans ses fers et inspiré de l'Esprit divin, fait entendre de sa bouche éloquente les oracles de la loi nouvelle. Quel charme irrésistible nous retient dans ce lieu terrifiant ! Ah ! c'est la vertu des apôtres ? c'est la pensée des grands maux qu'ils ont soufferts ! Ils ont passé neuf mois entiers dans cette fosse épouvantable et ils ne l'ont quittée que pour être condamnés à mort et conduits au supplice.

Déjà nous avons quitté la ville par la porte Saint-Paul. Sur la route qui conduit à la basilique se trouve une maison de peu d'apparence; notre cocher ralentit le trot de ses chevaux pour nous faire remarquer au fronton de cette maison un bas-relief sculpté. Cette sculpture pour ainsi dire jetée sur une masure vulgaire rappelle encore un fait bien attendrissant. Là sont représentés après leur arrêt de mort saint Pierre et saint Paul au milieu des gardes, ils s'embrassent pour aller chacun de leur côté au supplice. « Eh pourquoi, disons-nous à cet homme, a-t-on mis là ce tableau ? — Parce que c'est en ce lieu précisément que s'est passé l'événement qu'il représente. « Nous nous sentîmes émus et nous eussions voulu nous arrêter pour prier sur le seuil vénéré de cette maison, mais l'ayant déjà passée nous remîmes à le faire à notre retour.

La basilique de Saint-Paul, qui de loin ne nous paraissait que de grandeur médiocre, nous étonna par ses vastes dimensions lorsque nous y entrâmes. Un religieux dont nous ne pouvions bientôt assez admirer le profond savoir et la charité nous reçut sur le seuil du temple. Il commença par nous faire visiter son monastère qui touche à l'église, il nous promena quelque temps dans de spacieux corridors dont les murs sont tapissés d'inscriptions grecques et latines d'une très-grande antiquité. Nous vîmes aussi le beau cloître construit en 1220, qui est environné d'arcades, soutenues par de petites colonnes dont la plus grande partie soñt incrustées en mosaïque. C'est par ce chemin que nous rentrâmes dans la basilique.

Qu'il est admirable ce temple solitaire, immense, qui se dresse mélancoliquement aux bords du Tibre sur le tombeau traditionnel de l'apôtre à qui il doit son nom ! Depuis le grand Constantin qui l'a fondé, il a été plusieurs fois incendié, mais toujours on l'a vu renaître de ses cendres ; et cependant il est hors de la ville de Rome à plus d'une demi-lieue des habitations. Son dernier incendie eut lieu ne 1823, le feu prit aux poutres du toit qui en peu

d'heures s'écroula, et l'on vit la plus grande partie
de l'édifice disparaître dans les flammes : mais
le voilà encore une fois aujourd'hui relevé dans
toute sa splendeur, brillant d'or et de marbre,
avec ses quatre-vingts colonnes de granit des Alpes,
qui le coupent en cinq nefs, avec sa confession
et son baldaquin soutenu par quatre magnifiques
colonnes en albâtre oriental. Dans la nef transversale en face de la confession est le siége papal (1)
tout en marbre blanc et orné de dorures. Plusieurs
ecclésiastiques, présents en ce même lieu, nous
engagèrent à pousser encore plus loin et à nous
rendre jusqu'à la petite église de Saint-Paul aux trois

(1) L'an 1823 cette basilique brûla presque entièrement,
c'était sous le pontificat de Pie VII. Ce pontife n'eut pas le
temps de réparer ce désastre, il mourut peu de temps après.
Son successeur Léon XII fit appel à la piété et à la générosité
de tous les évêques du monde catholique pour relever le temple élevé à la mémoire de saint Paul et lui rendre toute la
majesté qu'il avait eue. Les dons des fidèles de toutes les
églises joints aux sommes considérables qu'on préleva sur les
caisses de l'État permirent au pontife de rendre cet édifice à
la chrétienté, et non-seulement de le rendre tel qu'il était,
mais plus beau encore. On entre par une porte contiguë au
monastère, mais on entrera bientôt par le côté oriental où l'on
a déjà construit une nouvelle façade.

La nouvelle consécration du temple eut lieu le 10 décembre 1854, c'est-à-dire deux jours après la définition dogma-
tique de l'immaculée Conception ; en mémoire de cet événement, on voit au milieu du plafond, qui est divisé en caissons
enrichis d'ornements dorés, l'écusson du Pontife Pie IX.

Fontaines pour voir le lieu même où l'apôtre des gentils avait été décapité. Il n'y avait guère qu'un mille de distance. En arrivant nous vîmes au milieu des herbes de la campagne trois petites églises ou chapelles de peu d'apparence. Le religieux qui vint à notre rencontre nous ouvrit celle que nous tenions le plus à voir. Elle est bâtie, en effet, sur le lieu même où saint Paul a été décapité. Il y a dans cette église, sur un terrain incliné, trois sources qui jaillirent miraculeusement dans l'endroit des trois bonds que fit en tombant la tête du martyr. Auprès de la première de ces trois sources qui sont ornées en forme d'autels, on voit un tronçon de colonne en marbre, défendu par une grille qui l'entoure : on croit que l'apôtre fut attaché à cette colonne avant son martyre. La dévotion que nous ressentions nous fit demander de cette eau à boire.

N'était-ce pas attendrissant pour des enfants de la foi de se voir ainsi sur le lieu même qui avait été arrosé du sang de saint Paul ! Ah ! il se passe dans l'âme du croyant amené dans ces lieux de ces émotions profondes qu'aucune langue humaine ne saurait rendre.

Nous les éprouvions dans toute leur plénitude et nous nous écriions au fond de nos cœurs : Que n'êtes-vous ici faibles chrétiens, serviteurs infidèles du Dieu de vos pères qui vous laissez si facilement entraîner dans le camp des ennemis du catholicisme ! Et vous funestes auteurs, journalistes coupables qui tout en étant nés dans la foi chrétienne, instruits peut-être à l'école et aux frais de l'Église, vous tournez contre elle et faites tant d'efforts pour la desservir et pour répandre l'incrédulité au sein des nations catholiques, que n'êtes-vous là ! Sans doute que la vue de ce sang vous rappellerait à vous-même et vous ne seriez plus les adversaires du catholicisme ; vous ne chercheriez plus à ravir à l'Église cette terre à laquelle elle a des droits si sacrés, puisqu'elle est arrosée du sang de ses fondateurs.

Pour nous, nous étions profondément émus et nous ne pouvions assez remercier le ciel de nous avoir amenés dans cette Rome où les souvenirs les plus touchants se présentent en foule. On ne peut remuer une pierre qu'elle ne rappelle des origines sacrées. Là, sont toutes les plus belles traditions de l'Église ; nous nous trouvions comme transportés au berceau du christianisme, nous marchions au-dessus des catacombes ; il nous semblait que nous étions en présence des mânes des apôtres et de tant de saints martyrs qui avaient établi dans Rome le royaume de Jésus-Christ. Oh Rome ! quelles sont donc coupables les mains qui voudraient te ravir à l'Église et à son chef suprême ! N'es-tu pas l'héritage inviolable et sacré de la grande famille catholique ? Héritage acquis et par le sang de ses fondateurs et par le legs volontaire des rois et des nations. Et quelle autre gardienne d'ailleurs que l'Église peut te conserver avec tes grands souvenirs ? Quelle autre égide que la sienne peut te protéger contre le marteau démolisseur du vandalisme qui, sous prétexte de te reformer, voudrait anéantir ta forme divine ?

Nous fûmes quelque temps avant de pouvoir nous résigner à quitter ces lieux. En revenant, nous nous agenouillâmes sur le seuil de la maison, au bas-relief, dont il a été parlé plus haut, et nous répétâmes trois fois l'invocation : *Sancte Petre et sancte Paule, orate pro nobis.*

Il y avait un endroit de la route où nous apercevions, dans l'épaisseur des terres qui avaient été coupées et creusées pour former le chemin, des débris d'autels, des vieilles moulures, des pans de murs peints, qui attestaient que nous passions au milieu de vieilles catacombes qui après avoir été comblées formaient le sol. La vue de tous ces objets, qui dans un autre moment aurait suffi pour absorber toute notre attention, ne pouvait nous distraire en ce moment des impressions religieuses dont nos âmes étaient remplies au grand souvenir de l'apôtre.

Nous devions le lendemain visiter une seconde fois la basilique de Saint-Pierre de Rome, car ce que nous avions vu la première fois était insuffisant et notre intention était de connaître plus en détail cette merveille des temples chrétiens. Nous ne pouvions par conséquent, pendant que nous étions sur le chemin, manquer de visiter l'église de Saint-Pierre aux Liens où sont conservées les chaînes qui ont enchaîné saint Pierre à Jérusalem (1). A ces mêmes chaînes sont unies d'une manière miraculeuse celles de saint Paul. Nous eûmes le plaisir de les voir, de les prendre dans nos mains, de les mettre à notre cou comme un collier. L'ecclésiastique qui nous les faisait vénérer nous ayant prêté un surplis et une étole, nous pûmes les faire vénérer nous-mêmes aux fidèles nombreux qui vinrent s'agenouiller sur les degrés de l'autel.

(1) L'église de Saint-Pierre aux Liens tire son nom des chaînes de saint Pierre avec lesquelles Hérode avait fait enchaîner le prince des apôtres à Jérusalem; comme on y avait adjoint les chaînes de saint Paul, elles se trouvèrent miraculeusement soudées l'une à l'autre sans qu'on pût les défaire ni trouver le joint qui les unit. Ces chaînes sont renfermées dans une châsse de laquelle on les sort pour les faire vénérer par les pieux pèlerins. Elles sont bien loin d'avoir aujourd'hui leur épaisseur primitive.

L'église fut construite par Jean Pizzula au dix-septième siècle ou plutôt il donna aux frères Minimes de François de Paule de quoi la construire, elle fut rebâtie un peu plus tard par la princesse Pamphili de Rossano.

VIII

Mgr DUPANLOUP. — LE FORUM.

Assez d'autres auteurs ont parlé dans leurs ouvrages des curiosités que présentent la Rome antique et la Rome moderne ; notre but n'est pas
d'aborder ce sujet beaucoup trop vaste pour notre
modeste récit, mais de faire connaître les quelques
monuments où se sont passés les faits les plus remarquables qui ont eu lieu pendant les fêtes de la
canonisation. Saint-André de la-Vallée devait être
choisie par Mgr Dupanloup pour y prêcher l'un de
ces magnifiques sermons, comme sait les faire l'éloquent évêque d'Orléans. La réputation de son talent
oratoire l'avait devancé dans la ville éternelle : ses
ouvrages sur la défense de l'Église et de son chef
bien-aimé étaient connus à Rome de tous ceux qui
portent avec un cœur chrétien l'amour du Saint-
Père ; de plus, c'était au moment où Rome voyait

dans son sein une réunion d'évêques, de prêtres et de fidèles, telle qu'elle n'en avait pas vue depuis des siècles, au moment où l'enthousiasme était dans tous les cœurs en faveur de tout ce qui touche aux grands intérêts de la religion, c'était à ce moment solennel que Mgr Dupanloup allait se faire entendre, on comprend avec quel empressement Romains et étrangers se rendirent autour de sa chaire (1). Aussi le mardi, 3 juin, vers midi, une foule immense attend sa parole dans le plus profond recueillement, elle vient d'assister à une messe solennelle célébrée dans le rite oriental par Mgr Hassoun, assisté de tous les autres évêques et prêtres orientaux présents à Rome et en présence de la plupart des cardinaux, archevêques et évêques de l'Église latine, au nombre de plus de cent cinquante.

Ce n'est point un simple sermon de charité que Mgr Dupanloup va prononcer, mais un sublime discours approprié à la circonstance ; il va parler en

(1) L'église Saint-André de la Vallée a été bâtie vers la fin du seizième siècle sur la place qui porte son nom ; elle a une façade magnifique et est très-grande à l'intérieur, malgré sa grandeur elle ne pouvait contenir tout l'auditoire le jour où monseigneur Dupanloup prêcha. Cette église a de fort belles chapelles ornées de peintures et de sculptures des plus grands maîtres, elle a aussi un dôme superbe et une tribune très-grande qui a été peinte par le célèbre Dominiquin. On croit qu'elle a été construite sur les ruines du théâtre de Pompée.

faveur des églises d'Orient dont les besoins deviennent si impérieux au milieu des temps difficiles qu'elles ont à traverser ; la réunion de tant d'évêques à Rome présente une des occasions les plus belles pour obtenir des secours en argent et des prières, mais il n'oubliera pas les besoins supérieurs de l'Église d'Occident qui se trouve aussi au moment d'une grande et terrible épreuve, c'est même par là qu'il va commencer.

Contemplez-le sur la tribune, car il n'a pas cru devoir se servir de la chaire, il a besoin d'être plus au large, il lui faut une tribune où il apparaisse avec toute la majesté de l'orateur catholique. Son costume est la mante romaine qui donne tant de grâce et de dignité. Il va commencer. Assis sur un fauteuil, il soutient dans sa main son front, puis, élevant vers le ciel un regard où se peint l'ardente invocation, il commence. Il se lève plein de majesté et de grandeur. Il parle et accompagne son discours de gestes magnifiques.

Illustre évêque, vous mettez au service de votre éloquence toutes les ressources du geste et de l'organe et de la diction, serait-ce donc que vous recherchez la gloire de l'orateur ? A Dieu ne plaise. Cette gloire que vous pourriez revendiquer, je vous entends la répudier avec le grand Apôtre ; un motif bien plus élevé vous inspire, une noble tâche vous a été confiée et vous avez à cœur de la bien remplir. Il s'agit de frapper un coup de maître, et dédaignant les mesquines réserves d'un timide et vulgaire orateur, vous vous êtes dit : Dieu voit mon cœur et les vrais chrétiens me comprennent. Le ciel a récompensé votre zèle ; vous avez pleinement réussi à nous ravir, vous avez surpassé de beaucoup l'espérance des églises qui avaient mis entre vos mains leurs intérêts.

Mgr l'évêque d'Orléans énumère successivement toutes les nations qui ont envoyé leurs évêques à Rome ; cette énumération dure longtemps et n'en est que plus pompeuse. Ce sont presque toutes les nations de l'Europe, même celles où domine le schisme ou l'hérésie, telles que la Russie, la Prusse, l'Angleterre, la Hollande. Ce sont encore les contrées plus éloignées des autres continents, de l'Afrique et surtout de l'Amérique ; il en est de ces augustes vieillards qui ont fait plusieurs milliers de lieues. Il exalte le courage de ces nombreux pontifes qui sont venus de toutes parts au seul désir du vicaire de Jésus-Christ. Voyez-le, la main étendue, la tête haute, déclarer à tout l'univers qu'*entre Rome et la France, c'est à la vie et à la mort.* Quelle éloquence, quels éclairs, quelle élévation d'idées !

quels traits vengeurs contre les ennemis de l'Église !

Après un sublime rapprochement entre Rome païenne et Rome chrétienne, entre les puissances de ce monde et la papauté unie à l'épiscopat, entre Londres et Rome, il évoque les souvenirs des deux principaux fondateurs de l'Église, dépeint à grands traits la Rome chrétienne, la prenant dans la prison Mamertine et dans les catacombes, sur le forum et les amphithéâtres pour la faire asseoir bientôt sur le trône des empereurs romains qui l'ont si cruellement persécutée pendant trois siècles.

Rome et ses dépendances, par une disposition providentielle aussi bien que par le prix du sang et des souvenirs, devenue l'héritage de l'Église et de son chef suprême, elle ne peut appartenir qu'à ceux qui l'ont faite ce qu'elle est. Oui, la Rome des papes est le domaine exclusif du représentant de Dieu. En présence de ces monuments innombrables et de ces triomphes, lorsque je viens à me dire : Il y a des hommes qui veulent habiter là... au milieu de ces splendeurs et de ces grandeurs. Mais... c'est impossible !... Mais la nature des choses y répugnera éternellement. On ne refait pas l'histoire ! On ne refait pas le genre humain ! Mais il faudrait alors raser Rome tout entière et en refaire une à votre taille... Restez-donc à votre place, et, pour l'honneur de l'Italie et du monde, laissez à la sienne le vicaire immortel de Jésus-Christ.

C'est à ce moment que l'auditoire transporté d'admiration ne peut contenir le sentiment qui l'anime, un applaudissement frénétique retentit sous les voûtes sacrées ; les personnes les plus graves et les plus pieuses regrettent cet oubli dans la maison de Dieu, l'orateur lui-même, voyant que ces applaudissements se renouvellent, croit devoir protester contre et ils cessent.

Qu'il nous soit permis de faire encore ici une citation textuelle d'un des plus beaux passages de ce discours : « Je suppose, ajoute l'orateur, hypothèse heureusement impossible, que, par un affreux malheur, tout ce qui est à Londres disparaisse dans un immense et subit affaissement ; certes, ce serait une catastrophe digne de toutes nos larmes, mais après tout, une calamité réparable ; car enfin, chose semblable s'est déjà vue sur la terre ; témoin cette Rome même où nous sommes, et où l'ancien monde avait fait comme une exposition perpétuelle de son industrie, de ses arts, de ses richesses. Mais un jour, Dieu envoya la tempête, et toutes les merveilles de ce vieux monde disparurent ; et ce sont ces papes, que les sauvages du dix-neuvième siècle appellent des barbares, qui sont allés en recher-

cher les débris sous les décombres. Ils ont tiré des
ruines du palais de Néron, l'Apollon, ce faux
dieu, mais ce beau marbre, ils l'ont logé dans leur
palais ; ils ont réuni autour d'eux les Raphaël, les
Michel-Ange et les Bramante, ils ont encore les
Overbeck et les Tenerani ; mais plusieurs siècles
d'efforts, en ressuscitant les arts du monde ancien,
n'ont pu les surpasser. Si vous êtes si fiers de ce
que vous appelez vos découvertes, messieurs, prê-
tez de loin votre oreille au bruit extraordinaire de
cette immense destruction, promenez les regards
de votre esprit consterné sur ce monde antique,
puissant, ingénieux, poli, brillant, et voyez-le tout
à coup écrasé, oublié, disparu sous une épouvantable chute ! Mais qu'a fait l'humanité ? Elle a re-
commencé : et, après dix-neuf siècles, nous la
voyons exposant de nouveau ses arts, ses statues,
son travail, son industrie.

« Ah ! ce n'est pas vous, messieurs, ce n'est pas
moi qui voudrions maudire l'industrie moderne.
Elle est fille du travail, et le travail est digne de
respect : l'homme y trouve sa noblesse dans son
châtiment. Qui a fait les merveilles de l'industrie
moderne ? Le travail libre de l'ouvrier intelligent ?
Qui a rendu le travail libre ? qui a rendu l'ouvrier
honnête ? C'est le christianisme. Sans lui que serait

l'industrie ? loin de lui que deviendrait-elle ? L'industrie sans le vouloir se courbe en serviteur do-
cile et concourt aux desseins de Dieu. Elle nous
a portés ici, et je remercie ces instruments ingénieux qui accélèrent ici-bas la marche des envoyés
de l'Évangile... Seulement à ces hommes réunis
loin de nous, à travers la distance, au milieu des
splendeurs, de l'enivrement de la richesse, des
succès, je dis : pensez à Dieu.

« Puis je regarde Rome.

« A Rome on pense à Dieu. Nulles richesses, nul
enivrement, un pauvre prêtre entouré de pauvres
prêtres, la faiblesse apparente, des craintes et des
adieux avec des prières, trois cents vieillards réunis autour d'un autre vieillard, qui est leur père et
qui peut leur dire comme le prince des apôtres :
*Seniores obsecro, consenior ego, et testis Christi pas-
sionum :* « Vieillards de l'assemblée sainte, je vous
en conjure, vieillard comme vous, témoin et héritier des souffrances de Jésus Christ. »

« Eh bien, supposez un moment que ces trois
cents vieillards disparaissent de la face de la terre.
Au lieu de supprimer les dix mille capitalistes qui
sont à Londres et ce qu'ils peuvent, les dix mille
savants et ce qu'ils savent, supprimez les trois cents
vieillards qui sont ici et ce qu'ils représentent, la

foi, la vertu, Jésus-Christ, les saints, l'Eucharistie, l'Évangile, la croix ! Oui, supposez un moment ces choses de moins dans le monde ! Comment le monde les retrouvera-t-il ? Sous quels décombres ira-t-il les rechercher ? Ah ! nous ne sommes pas des capitalistes, des spéculateurs, des industriels ; nous n'avons pas été envoyés aux hommes pour faire des machines ; mais nous avons été donnés au monde pour sauver les âmes et les âmes ont besoin de nous ; et sans nous les âmes, mourraient au milieu des richesses ; et si vous nous repoussez, sachez bien que vous attentez aux âmes... et si vous vouliez porter des mains encore plus insensées que sacriléges sur la pierre fondamentale qui nous porte, essayant de l'ébranler afin d'ébranler tout l'édifice avec elle ; ah ! redoutez votre triomphe, car vous seriez écrasés vous-mêmes sous les ruines que vous auriez faites ! »

Dans la seconde partie de ce magnifique discours, Mgr. s'attache uniquement à plaider en faveur des églises d'Orient, il montre les titres nombreux qu'elles ont à l'assistance de l'Église latine. Jamais je n'avais entendu un aussi beau discours ! Jamais Mgr. l'évêque d'Orléans ne m'avait paru aussi éloquent ! « Jamais, dit un auditeur très-distingué dont l'autorité est d'un grand poids, les fastes de l'élo-

quence, même aux grandes époques, n'ont pu ins
crire une telle journée. »

La quête qui fut faite aux portes de l'église quand
l'auditoire se retira produisit plus de 5000 francs,
et, depuis, les listes de souscriptions publiées par
l'*Observateur romain* se remplissent de noms et
d'offrandes.

Pendant le reste de cette journée nous allâmes visiter le *Forum romanum*. M. S. *** nous avait quitté,
M. le curé de Saint-N*** et moi nous commen-
çâmes par monter la rampe qui conduit au Capitole
pour voir à l'extérieur ce superbe édifice dont le
nom est environné de tant de gloire (1).

(1) Le Capitole d'aujourd'hui n'est plus celui des temps anciens. Sur ce mont qu'on nomme le mont Capitolin, parce
qu'on trouva dans le sol une tête d'homme au temps de Tar-
quin l'Ancien quand on voulut y bâtir le temple de Jupiter,
sur ce mont, dis-je, au point le plus élevé qui domine la rue du
Corso s'élève aujourd'hui, à la place du temple de Jupiter
Capitolin, l'église d'Ara-Cœli qui se trouve à la gauche du Capitole actuel est un peu plus élevée, une rue les sépare par laquelle on descend derrière le Capitole et on tombe alors dans
le forum romanum. Le Capitole moderne qui ne date guère
que du douzième siècle n'offre pas une majesté aussi imposante et formidable que l'ancien. mais il est admirable par les
objets d'art qui le rendent un des endroits les plus intéres-
sants de Rome. A droite du Capitole, du côté opposé à l'Ara-
Cœli est un édifice qu'on nomme le Musée Capitolin à cause
de tous les tableaux qu'il renferme, puis le palais des conservateurs où les conservateurs de Rome tenaient autrefois leurs

Passant ensuite par derrière, quelle ne fut pas notre surprise en voyant pour la première fois toute une ville pour ainsi dire de ruines les plus antiques, des arcs de triomphe, des colonnes, des parties de temple restées debout. C'est là le forum romanum, le centre de l'ancienne Rome, qui se trouve aujourd'hui à une des extrémités sud de la Rome moderne. Il paraît que dans l'origine ce forum était magnifique à voir ; il était environné d'un portique à deux étages qui en rendait la forme régulière. Sous ce portique dans le rez-de-chaussée étaient des boutiques et dans l'étage supérieur des chambres pour la réception des impôts. Autour et en dehors de ce portique on construisit, d'après ce que l'on voit encore, des bâtiments pour différents usages et des monuments superbes.

Derrière le Capitole, dans un terrain très-bas qui indique l'ancien sol, se dresse d'abord l'arc de triomphe de Septime-Sévère qui compte seize siècles. A droite, quand on regarde *le revers* du Capitole, par conséquent au bas de l'Ara-Cœli, toujours dans un terrain enfoncé est la prison, Mamertine dont nous avons déjà parlé, on y descend par

séances et enfin un côté de la fameuse roche Tarpéienne. De ce côté droit du Capitole est encore une rue qui mène derrière, sur le forum.

un escalier, tandis que du côté opposé est la roche Tarpéïenne comme nous l'avons dit un peu plus haut.

Mais, laissons le Capitole et ce qui l'accompagne, avançons à travers ce *forum romanum*, nous irons en nous éloignant de la ville jusqu'au fameux Colisée, mais avant, nous verrons sur notre droite quelques colonnes restées debout; j'en remarque trois sur un même plan, rattachées en haut par une travée, plus loin, une seule sur un grand piédestal, c'est la colonne Phocas; et sur notre gauche des églises et des maisons bâties sur les ruines des temples païens. Quelles sont ces voûtes gigantesques et ces débris de marbre qui jonchent le sol poudreux? C'est l'ancienne basilique de Constantin. Nous nous asseyons un instant à cause de la chaleur sur ces débris de la grandeur humaine qui gisent depuis des siècles là où le temps les a fait tomber.

Nous reprenons notre marche et nous passons sous l'arc de triomphe de Titus et bientôt nous nous trouvons en présence du Colisée. Il écrase par sa masse imposante tout ce qui l'avoisine, l'arc de triomphe de Constantin, le temple de Vénus; ces monuments par rapport au Colisée sont comme des bornes à côté d'une maison.

Nous étions bien aises de visiter un peu en détail

ce fameux Colisée où nous devions bientôt revenir entendre monseigneur l'évêque de Tulle. Là se trouva fort à propos un gardien muni des clefs qui ouvrent pour monter dans les différents étages. Cet édifice qui compte à l'extérieur plus de mille six cents pieds de tour et plus de cent cinquante de hauteur offre à l'intérieur une arène très-vaste, où avaient lieu autrefois les combats d'hommes et d'animaux. L'arène a subi le changement que produit l'élévation du sol, mais elle est du reste ce qu'elle était autrefois. A mesure qu'on s'élève, l'enceinte s'agrandit, les loges étant disposées les unes au-dessus des autres en amphithéâtre sur cinq étages de galeries. Ce colisée servait donc aux combats de gladiateurs et de bêtes féroces (1). Au temps des sanglantes persécutions contre l'Église naissante on y jetait les chrétiens aux bêtes. Saint Ignace, évêque d'Antioche, fut amené à Rome l'an 107 de

(1) On accompagna la dédicace de cet édifice par des combats de gladiateurs et des chasses de bêtes féroces. Ces jeux durèrent cent jours ; cinq mille bêtes féroces et plusieurs milliers de gladiateurs furent tués en cette occasion. On y donna aussi des combats nautiques par la facilité qu'on avait de l'inonder ; après avoir servi pendant plus de trois siècles à ces différents spectacles et avoir été arrosé du sang des chrétiens, il servit depuis le onzième siècle jusqu'au quatorzième de château fort à plusieurs familles nobles, puis pour des tournois (Nibby).

Jésus-Christ pour être jeté aux bêtes. Il répondait, ce généreux martyr, aux chrétiens qui voulaient empêcher sa mort :

« Je vous en conjure, ne vous laissez point aller
« à une fausse compassion pour moi ; souffrez que
« je sois la pâture des bêtes, afin que je jouisse
« de Dieu. Je suis le froment de Dieu et il faut
« que je sois moulu par les dents des animaux pour
« être un pain tout pur de Jésus-Christ. Si je souf-
« fre, il me ressuscitera dans une parfaite liberté.
« Puissent les bêtes me mettre en pièces sur-le-
« champ. Je les irriterai, afin qu'elles me dévorent
« promptement et qu'il n'en soit pas de moi comme
« de quelques-uns qu'elles n'ont osé toucher. Si elles
« ne le veulent pas, je les y forcerai. Je ne désire
« que le bonheur d'être réuni à Jésus-Christ. Oui,
« pourvu que je jouisse de Jésus-Christ, je ne crains
« ni le fer, ni la croix, ni la séparation de mes os,
« ni la division de mes membres, ni la destruction
« de mon corps, ni tous les tourments que la rage
« des démons peut inventer. »

Deux lions se jetèrent sur lui et le dévorèrent en un instant sans rien laisser de son corps ; ainsi fut exaucée sa prière.

Plus de cent mille spectateurs pouvaient tenir dans les loges ; l'empereur avait sa tribune auprès de l'arène, elle existe encore. En face, au côté opposé se tenaient les vestales, ces prétendues vierges qui ne ressemblaient en rien à nos vierges chrétiennes ; elles étaient renfermées dans une petite enceinte grillée. Les animaux féroces avaient aussi leurs cages autour de l'arène ; on ne les voit plus guère, parce que le sol a été exhaussé. Dans les premières loges, c'est-à-dire les plus rapprochées de l'arène, se tenaient la noblesse, les sénateurs, les patriciens, les matrones ou dames romaines de distinction ; dans les galeries supérieures était le peuple. Ce monument était ouvert par le haut. Il laissait même voir un espace immense du ciel, puisque les étages sont disposés en amphithéâtre. Il était revêtu partout de marbre ; aujourd'hui il n'en reste plus rien, les seigneurs romains durant plusieurs siècles l'ont retiré pour en revêtir leur riches palais ; et l'on dit qu'il y en eut assez pour fournir à la décoration et à l'édification de tout ce qu'il y a de beaux palais dans Rome.

On a élevé au milieu de l'arène du Colisée une belle et grande croix, et, tout autour, quatorze petites chapelles ou stations de chemin de la croix, sur lesquelles sont représentées avec beaucoup de goût les souffrances et la passion de notre divin Rédempteur. La cérémonie du chemin de la croix a lieu en certains jours., Nous montâmes à tous les étages de galeries.

Nous revenions vers notre demeure. Un petit épisode assez singulier, et je dirai presque comique, nous arrêta un moment. Dans une rue voisine du Corso et à l'entrée d'un superbe palais, il y avait un attroupement au milieu duquel régnait une certaine agitation, nous entendîmes une voix qui exprimait la colère; je crus reconnaître cette voix, j'approche, c'était mon Anglais aux prises avec un petit Italien de treize à quatorze ans, il le tenait par l'oreille et lui disait : « Petit scélérat, petit coquin, comment à ton âge vouloir ainsi voler moi ! » Je me montrai à ce bon monsieur ; il parut content de me retrouver comme témoin de ce nouveau grief, et aussi parce qu'il sentait le besoin d'être appuyé en présence de trois ou quatre spectateurs qui semblaient être les amis du petit malfaiteur. « Croiriez-vous, monsieur l'abbé, me dit-il, en braquant sur son petit captif des yeux comme des pistolets, croiriez-vous que ce petit coquin a voulu me voler pendant que je regardais ce monument? Je veux me moucher et je trouve sa main dans ma poche, il tenait mon foulard, et il a le front de nier le fait parce que je lui ai rendu sa main. » Et en disant ces mots il pince un peu plus fort, sans doute, l'oreille du petit patient

qui se met à crier, et lui donnant un coup de pied
le force à lâcher; alors il se sauve et court encore.

L'Anglais se frotte un instant la jambe et continue son chemin avec nous jusqu'à l'hôtel d'Angleterre qui avoisine notre demeure ; chemin faisant
il ne pouvait manquer d'exhaler son ressentiment,
non-seulement contre l'enfant, mais contre les Italiens en général. « Voyez, comme ils sont voleurs
dans ce pays-ci ! Que voulez-vous? il n'y a pas d'a-
gents de la police pour ramasser ces petits vaga-
bonds ; à Londres, messieurs, les *policemen* seraient
venus me prêter main-forte et ils auraient mis en
prison ce petit voleur. Quand je viens dans ce
pays-ci, j'ai toujours soin de tenir mes mains dans
mes poches ; ce drôle le voyait bien, mais il a eu
la ruse diabolique de saisir le moment où à l'aide
de mes jumelles je regardais des sculptures, pour
faire sa tentative. — Pourquoi l'avez-vous laissé
aller, il fallait le livrer à la police? — Je voulais en
venir là, mais le petit scélérat ma donné un coup de
pied que je sens encore. —Est-ce qu'en Angleterre
il n'y a pas de ces filous ? — Oh, messieurs ! les Anglais ne sont pas assez rusés pour ce métier, ils sont
plus habiles à se faire voler qu'à voler les autres. » Il
crut avoir dit une malice, et avec un sourire et une

révérence qui montraient qu'il était content de lui et que nous devions l'être aussi, il nous salua pour rentrer dans son hôtel.

IX

SAINT PIERRE DE ROME ET LE VATICAN.

Dans notre désir de revoir et d'examiner en plus grand détail Saint-Pierre et le Vatican, nous voulûmes profiter d'une journée où rien ne nous appelait ailleurs. Après avoir visité la basilique de Saint-Paul *hors les murs*, les bâtiments qui l'accompagnent, l'église de Saint-Paul aux trois fontaines, en un mot les lieux sacrés où rayonne avec tant d'éclat la gloire de l'Apôtre des nations, il était bien naturel de tourner nos regards vers Saint-Pierre de Rome et de visiter aussi ce principal champ de gloire du prince des apôtres ; car, c'est précisément sur le tombeau de ce grand protecteur de l'Église, de ce Pierre qui a reçu immédiatement de Jésus-Christ le pouvoir de gouverner l'Église et qui est le premier anneau de la longue chaîne des papes, que la piété des siècles a élevé cette fameuse basilique, comme pour être le plus grand, le plus riche, le plus admirable des temples de l'univers, dans ces jardins du cruel Néron, où ce tyran farouche faisait servir de flambeaux vivants les chrétiens enduits de bitume. Ne craignez pas, chers lecteurs, de nous suivre encore une fois au milieu de ces magnificences, vous pourrez éprouver le même charme à en être entretenus de nouveau que nous à les revoir encore et plus en détail.

Nous nous arrêtons un instant à considérer l'obélisque sur lequel sont écrits ces mots : *Christus vicit, Christus regnat, Christus imperat :* « Le Christ est vainqueur, le Christ règne, le Christ commande, » puis la colonnade et le portique ; nous admirons tout l'extérieur de l'église, sa large façade, son dôme gigantesque. Quel édifice ! Nous ne l'avions pas assez admiré la première fois. Quelle montagne de gloire ! Nous nous disions ce que les apôtres disaient à Notre-Seigneur devant le temple de Jérusalem : Combien a-t-il fallu de temps pour poser ces assises, élever ces murs, achever tout ce temple ? Et nous entrons dans l'intérieur ; il me semble, en vérité, que je le vois pour la première fois. Ce qui me frappe, c'est tout à la fois la majesté, la richesse et la simplicité du plan. Quelle unité merveilleuse ! J'éprouve encore mieux que la première fois une véritable admiration en contemplant cette vaste enceinte qui se résume en une grande et majestueuse croix latine.

Mais une décoration extraordinaire changeait l'aspect des grandes nefs. On a critiqué cette ornementation qui dérobait aux yeux des étrangers les marbres plus précieux à voir que ces décors. Il faut avouer cependant que cette décoration était faite avec goût et elle était nécessaire, car dans une canonisation de saints, de même qu'il faut sur l'autel des objets neufs, il faut aussi en quelque sorte un temple nouveau, et puis n'étaient-ils pas admirables ces tableaux nombreux représentant les martyrs? Le cœur se sentait ému à l'aspect de ces vingt-six héros de tout âge attachés à des croix ou livrés à d'autres tourments. L'enfant, l'homme et le vieillard apparaissaient confondus dans le même holocauste.

Nous ne regrettons donc pas de trouver Saint-Pierre ainsi décoré, en supposant que nous avons été privés de voir quelques beaux marbres, il nous en restait encore tant à admirer, comment n'être pas ravi en voyant cette lumière, cette splendeur, cet immensité, ce rayonnement de toutes les gloires, depuis le Père céleste resplendissant à la voûte au milieu des séraphins et des anges jusqu'à ce glorieux tombeau, et quand, parmi les grandes figures des prophètes, des évangélistes, des docteurs, des fondateurs d'ordre, on lit gravées en immenses caractères d'or autour de la coupole gigantesque ces immortelles paroles : *Tu es Petus et super hanc pe-tram œdificabo Ecclesiam meam et tibi dabo claves re-gni cœlorum :* «Tu es Pierre et sur cette pierre je bâti-rai mon Église et je te donnerai les clefs du royaume du ciel.» En voyant toutes ces merveilles on s'écrie : Salut véritable maison de Dieu ; rendez-vous de tous les pèlerins, nouveau temple plus glorieux que l'ancien, *magna erit gloria domus istius novissimœ plus quam primœ;* honneur à toi. Et cependant l'œil se trompe, il ne voit pas l'enceinte aussi grande qu'elle l'est en réalité. La hauteur et la largeur de la voûte, la hardiesse de la gigantesque coupole, la force des piliers qui la portent, tout cela me ravissait et toutefois ne me paraissait pas aussi prodigieusement grand que le livre l'indi-que (1). Nous revoyons avec plaisir la confession

(1) Ce temple magnifique surpasse en grandeur l'église de Saint-Paul de Londres et la cathédrale de Milan ; car la lon-gueur de la première est de 499 pieds et sa largeur de 251 ; la seconde a 418 pieds de long sur 312 de largeur. Notre basi-lique, depuis l'entrée jusqu'à la tribune ou à la chaire de Saint-Pierre, a 575 pieds de longueur, et dans la croisée 417 pieds de largeur ; la nef du milieu a 82 pieds de largeur et 142 de hauteur, y compris la voûte ; chacune des deux petites nefs latérales à 20 pieds de largeur. La proportion qui règne dans chaque partie de cet énorme monument, et surtout l'in-terruption des lignes, font paraître l'ensemble moins grand qu'il ne l'est en effet, et on ne s'aperçoit de sa grandeur que lorsqu'on en considère tous les détails (Nibby).

de Saint-Pierre. On appelle confession de Saint-Pierre le tombeau où l'on conserve la moitié du corps de ce saint apôtre et de celui de saint Paul; quant à l'autre moitié de ces précieux restes, ils sont renfermés dans l'église de Saint-Paul hors les murs. La chaire de Saint-Pierre occupe aussi de nouveau toute notre attention. N'y aurait-il que ce seul objet à contempler dans ces saints lieux qu'il faudrait faire le voyage de Rome pour l'aller voir, quand on pense que c'est de cette chaire unique que les oracles de la parole éternelle se font entendre et que la vérité infaillible prend son essor pour aller rayonner dans le monde et vivifier les âmes (1). Le Ber-

(1) Au fond du chœur qui se termine en rond, on aperçoit la magnifique tribune de la basilique décorée sur les dessins de Michel-Ange. On y monte par deux degrés de porphyre. Au fond est l'autel qui se trouve éloigné de 164 pieds de celui de la confession qui se trouve à l'entrée du chœur. Au-dessus de cet autel est la chaire de Saint-Pierre ornée de bas-reliefs et faite partie en bois, partie en ivoire. Cette chaire se trouve contenue dans le siége de bronze qui est porté par quatre figures colossales en bronze, faites par le Bernin. Elles représentent les docteurs de l'Église catholique : saint Ambroise et saint Augustin parmi les Latins, saint Athanase et saint Jean Chrysostome parmi les Grecs. Aux côtés de la chaire deux anges se tiennent debout, plus haut deux enfants qui portent, l'un la tiare, l'autre les clefs pontificales; plus haut encore rayonne une gloire parmi laquelle grand nombre d'anges et de séraphins s'inclinent pour adorer la chaire papale. L'auteur de ce chef-d'œuvre a profité de ce que cette gloire se trouvait à la hauteur de la fenétre pour l'éclairer par derrière. Il y a fait

nin auteur de cette merveille a été certainement inspiré quand il composa tout le dessin. La note que nous avons mise au bas et qui en donne le détail le fera facilement comprendre.

Que de temps il faudrait pour voir en détail les nefs latérales dont chaque arcade étonne et ravit le spectateur ! les tombeaux magnifiques des souverains Pontifes. On est ébloui par la multitude des chefs-d'œuvre qui se présentent à chaque pas ; chacune des chapelles mériterait d'être décrite ici en grand détail, mais notre récit ne peut comporter ce travail. Je dirai un mot cependant de la chapelle du Saint-Sacrement qui est une des plus vastes. Le tabernacle qui renferme le saint Sacrement attire les regards par sa beauté, il brille par l'éclat de l'or et des pierreries et offre l'aspect d'un petit temple rond entouré de colonnes et orné d'une coupole ; dans cette chapelle s'élèvent plusieurs magnifiques tombeaux en bronze et en marbre, celui de Sixte IV, celui de Grégoire XIII, de Grégoire XIV. Ce qui embellit encore singulièrement la chapelle, ce sont les riches mosaïques qu'elle renferme, les murs, le pavé même sur lequel on marche, tout en

paraître sur un champ transparent de cristal jaune le Saint-Esprit en forme de colombe qui vient merveilleusement couronner tout l'ouvrage.

est orné. Les deux bras de la croix de la basilique forment sans contredit une nef qui supasse en grandeur la nef principale de nos plus vastes cathédrales. On voit de chaque côté de cette croix plusieurs autels et surtout des tombeaux de grandeur colossale, admirables de goût et de richesse, puis des tableaux en mosaïque dont le prix ne saurait être estimé. On voit que véritablement toute la science, tout l'art, toute l'histoire, toutes les richesses sont ici réunis. Il n'y a pas jusqu'aux moindres médaillons qui ne soient l'œuvre de quelque grand artiste. Saint-Pierre de Rome pendant plus de trois siècles a été l'œuvre non interrompue de tous les papes qui se sont succédés; ils ont appelé à leur aide pendant tout ce temps les plus habiles architectes, les Bramente, les Sangallo, les Michel-Ange, les Bernin, qui ont épuisé là les ressources inépuisables de leur art et de leur génie. Il n'est aucun grand peintre ou sculpteur de l'Italie qui n'ait contribué à enrichir de ses travaux cette basilique sans pareille. Les plus beaux tableaux de Raphaël et de Michel-Ange reproduits en mosaïque avec une fidélité parfaite dans les chapelles sont destinés à traverser sans la moindre altération toute la durée des siècles. Nous nous fatiguions à vouloir tout considérer en détail; après plusieurs heures nous n'eûmes encore qu'une bien faible connaissance de l'édifice. Nous dûmes nous décider à passer dans le Vatican. Il faut pour y entrer revenir à l'entrée de l'église, sortir sous le péristyle, se diriger vers le côté droit quand on regarde l'église de dessus la place.

L'escalier d'honneur commence au palier où est la statue équestre de Constantin; cet escalier s'appelle la *scala regia*, il conduit au premier étage; c'est le chef-d'œuvre du Bernin, il est de toute beauté et fort élevé; en le montant nous arrivons dans une vaste cour, c'est la cour Saint-Damase; nous sommes fort surpris de voir là des équipages de cardinaux tout attelés; ces équipages sont parvenus en ce lieu élevé par des rampes douces qui décrivent une longue courbe.

Toutes les salles de tableaux, de sculptures et d'antiquités rares que nous n'avions vues qu'en passant, nous les revoyons en détail. Nous distinguons et admirons les chefs-d'œuvre de tous les grands génies de la patrie des arts, des Raphaël, des Michel-Ange, des Corrège, des Canova; les loges de Raphaël qui occupent une place si importante nous ont arrêtés longtemps. Un visiteur plus au courant que nous, car il avait plusieurs fois fait de longs séjours à Rome et visité les musées du Vatican, s'adjoint à notre compagnie et nous rend un véritable service, car non-seulement il nous explique tout dans les salles de sculpture et d'antiquités rares, mais encore il nous conduit dans des endroits où le public ne pénètre guère (1). Grâce à lui les magnifiques jardins du Vatican s'ouvrent devant nous. Assis quelque temps sous des ombrages frais, nous causons avec cette obligeante personne qui est un comte polonais fort érudit : « Pensez-vous, monsieur, lui disions-nous, que ceux qui songent à s'emparer de Rome deviendront un jour les maîtres de tout ce que nous venons de voir? — Je n'en sais rien, messieurs, je ne puis le croire, mais ce dont je ne doute pas, c'est qu'ils font tout ce qu'ils peuvent pour y arriver, et qu'ils espèrent en venir *à bout;* ils comptent s'emparer en un seul jour de tout ce que Saint-Pierre et le Vatican et Rome elle-même renferment de chefs-d'œuvre et comprenez-

(1) Il serait trop long d'énumérer toutes les principales peintures et sculptures que nous avons pu voir, c'est déjà beaucoup d'énumérer en partie les salles. Ainsi le musée sacré, la salle des peintures antiques, la salle ducale, le corridor des inscriptions, la bibliothèque du Vatican, le musée Chiaramonti, la salle des animaux, la galerie des statues, la salle des bustes, elle des muses, la salle ronde, la chambre à croix grecque, le musée égyptien, le musée étrusque, la galerie des candélabres, enfin les jardins du Vatican où personne n'entrait que nous et que nous parcourûmes pendant l'espace de plus d'une heure.

vous, Messieurs, quelle belle affaire pour eux! Que de richesses amoncelées dans ces galeries! que de trésors les papes n'ont-ils pas épuisés pour former et compléter toutes ces collections admirables. N'a-t-il pas fallu des sommes fabuleuses pour acquérir toutes ces antiquités, pour encourager les artistes, pour terminer les travaux commencés? Or, les prétendants au pouvoir temporel de Rome se proposent tout simplement d'acquérir ces incalculables richesses en un moment, par un tour de main; ne trouvez-vous pas, Messieurs, que l'affaire est belle et leur présente beaucoup d'avantages? Mais, pour vous dire ma pensée, je ne crois pas que jamais la France y consentira non plus que les autres nations de l'Europe. »

Et nous admirons dans ces vastes jardins le feuillage des arbres tout différent de celui de nos contrées. Nous aimons à voir les orangers, les grenadiers, les lauriers en pleine terre offrant une verdure magnifique. En avançant dans des allées fraîches sur un terrain qui monte toujours, nous arrivons à un terme élevé d'où nous jouissons de l'aspect des campagnes environnantes, puis nous apercevons en revenant sous des fourrés qui s'étendent au loin de limpides ruisseaux, des fontaines jaillissantes, des bustes antiques, des tables de marbre, de vieux hermès restaurés. Notre infatigable Cicérone veut toujours nous faire voir de nouvelles curiosités ; en revenant vers le vestibule par lequel nous étions entrés, il nous conduit encore dans un autre jardin moins étendu, mais fort beau, sur lequel donnent plusieurs galeries du Vatican ; au milieu de ce jardin est placé le piédestal de la colonne d'Antonin le Pieux qui avait été élevée à sa mémoire par ses fils adoptifs Marc-Aurèle et Lucius Vérus dans le forum du même nom ; ce beau monument qui est orné de sculptures magnifiques occupe longtemps notre attention. Nous serions restés encore dans ce beau jardin où l'art de l'habile horticulteur étonne, si nous en avions cru notre guide complaisant, mais, malgré l'intérêt que nous inspirait tout ce qui venait frapper nos yeux, nous nous déterminons à nous retirer et nous reconduisons à sa demeure l'aimable étranger qui nous avait rendu un si grand service.

X

Mᵍʳ L'ÉVÊQUE DE TULLE AU COLISÉE.

Le moment d'entendre Mgr l'évêque de Tulle au Colisée était enfin venu ; c'était le jeudi 5 juin vers la fin de l'après-midi; tout nous faisait présager une belle et touchante scène, un nombreux concours de fidèles. On s'entretenait sur ce sujet à l'avance dans les réunions, et lorsqu'on se rencontrait, l'on se faisait part mutuellement du désir qu'on avait d'aller au Colisée. Beaucoup allaient s'y rendre dans le but de s'édifier et de fortifier dans leurs cœurs les nobles sentiments d'amour qu'ils nourrissaient déjà pour l'Église et pour le Saint-Père, d'autres étaient curieux de connaître l'orateur sublime à la mâle éloquence dont on leur avait fait un pompeux éloge. C'était en un mot un rendez-vous général où devaient se rencontrer, sous la présidence d'éminents évêques et particulièrement de Mgr l'archevêque de New-York, romains et étrangers, prêtres et soldats, hommes de lettres, pieux fidèles.

Quand nous nous rendîmes au Colisée, il était plus de six heures, l'exercice ne devait commencer qu'à sept heures passées. Il n'y avait encore presque personne. Le temps jusque-là si beau s'était malheureusement un peu gâté, le ciel était chargé de nuages, l'air était pesant ; il tombait même une petite pluie fine qui ne laissait pas que de mouiller à la longue. Nous éprouvions un sensible regret de ce contre-temps qui nous faisait craindre que l'exercice n'eût pas lieu. Sur ces entrefaites on nous annonça l'arrivée d'un nouveau train de pèlerins venus de Marseille ou pour mieux dire de Civita-Vecchia ; ils venaient de faire leur entrée à Rome depuis quelques heures à peine, on comptait parmi eux trois cardinaux, plusieurs archevêques et évêques, ainsi que beaucoup d'ecclésiastiques dont quelques-uns de Paris qui nous étaient intimement connus, comme M. l'abbé de Borie, curé de saint Philippe-du-Roule ; M. l'abbé Millault, curé de Bonne-Nouvelle et ancien supérieur du séminaire de Notre-Dame des Champs ; M. l'abbé Courtin, vicaire de Notre-Dame des Champs, et d'autres encore. Moins heureux que nous en mer, ils avaient eu, nous disait-on, beaucoup à souffrir, mais chacun sait que ce mal ne dure pas et qu'il cesse au moment où l'on met pied à terre. Nous fûmes agréablement surpris en voyant tout à coup ces nouveaux venus apparaître au milieu de nous. Nous vîmes aussi dans la foule d'autres ecclésiastiques de Paris qui étaient à Rome auparavant, mais que nous n'avions pas encore rencontrés ; M. l'abbé Duchesne, curé de Notre-Dame des Champs ; M. l'abbé Gayrard, premier vicaire de Saint-Philippe du Roule ; M. l'abbé Bayle, aumonier ; M. l'abbé Gouvenot, vicaire à saint Louis-d'Antin. On était vraiment heureux de se retrouver ensemble à quatre cents lieues de son diocèse, néanmoins l'assemblée n'augmentait qu'insensiblement, on voyait les personnes entrer, pour ainsi dire, une à une, par les différentes arcades qui règnent tout autour du Colisée. La pluie au lieu de cesser avait plutôt augmenté ; beaucoup de parapluies étaient tendus. J'entrevis M. Veuillot et plusieurs autres hommes de lettres de sa société. On aimait à se revoir et à se saluer dans ce lieu célèbre qui prêtait à tant de réflexions. L'heure de l'exercice sacré arriva enfin et il y avait une assemblée convenable, mais qui était loin d'offrir encore ce qu'en pareille circonstance on appelle un grand concours. Cependant le moment vint où les soldats français et

les zouaves pontificaux, qui formaient avec les
ecclésiastiques une partie notable de l'assemblée,
durent céder de la place et quitter l'arène pour
monter dans les différentes galeries; l'on vit tous
ces guerriers remplir les loges les moins éloignées
de la tribune de l'orateur, s'établir sur les ruines
pour être, les uns debout, d'autres assis ; on en
voyait plus de deux mille, et c'était vraiment un
tableau superbe que celui de nos soldats de ligne
avec leur costume aux vives couleurs ainsi éche-
lonnés sur ces vastes ruines. Malgré la petite pluie
la foule augmentait, l'arène se remplissait insensiblement, l'exercice enfin commença ; Mgr l'archevêque de New-York présidait; il fit faire toutes
les stations avec les prières accoutumées sans aucun
entretien particulier. Nous avions de la peine à
marcher sous les milliers de parapluies pour marquer les différentes stations; cependant les prières
se faisaient avec ensemble et dévotion ; le chant du
Stabat Mater faisait retentir avec une certaine
poésie les voûtes caverneuses de l'immence édifice.
Une fois les stations parcourues, on vit apparaître
Mgr l'évêque de Tulle sur la tribune où se tenait
autrefois le César païen, témoin redoutable des
jeux barbares du cirque. Quel contraste entre
l'évêque et cet antique dominateur! Vêtu du cos-

tume de pasteur des peuples, l'apôtre du Dieu d'amour venait faire entendre la parole de vie et de salut à la foule que le tyran sanguinaire contraignait à s'entr'égorger sous ses yeux. Son regard plana sur l'assemblée des enfants de Dieu, et nous crûmes voir un éclair de bonheur rayonner sur son front à la vue de cet auditoire chrétien, immense, compacte, silencieux, attendant avec une sainte avidité la parole apostolique. L'arène était alors entièrement remplie et le monde venait et venait encore. La pluie avait cessé. L'orateur fit une courte pause, puis il commença; d'abord sa voix était faible, on tâchait de se rapprocher pour le mieux entendre. Un soldat sur les hauteurs de l'amphithéâtre ayant fait un léger bruit en escaladant une loge, toutes les mains se levèrent pour le rappeler au silence. La voix et le geste de Mgr de Tulle s'animèrent peu à peu; on l'entendit bientôt partout, il se sentait comme inspiré à la vue de ce Colisée qui retraçait à son esprit les sombres souvenirs de la Rome païenne et les sanglantes persécutions qui durant trois cents ans décimèrent l'Église. Il se mit à tracer d'une main de maître un tableau saisissant, dans lequel il présenta le contraste des gladiateurs qui venaient combattre pour désennuyer César le saluaient avant d'aller mourir en disant : *Morituri salutant te, Cæsar :* « Ceux qui vont mourir vous saluent, César; » et des chrétiens qui peu de temps après succombaient le regard ouvert vers le ciel sans saluer César (1). Il montre ensuite la constitution du vieux monde à laquelle on voudrait nous ramener, de ce vieux monde plongé dans le bien-être matériel, n'aspirant qu'aux jouissances grossières et passagères de cette vie misérable.

Digne interprète de saint Augustin, il emprunte

(1) Le mystère formidable, dit M. Veuillot dans son ouvrage intitulé *Parfums de Rome*, c'est la stupidité de ces troupeaux qu'on amenait pour être égorgés et qui se laissaient égorger ; à qui l'on commandait de s'entr'égorger dans un combat sans merci et qui s'entr'égorgeaient sans merci ; qui, ne pouvant pas sauver leur vie, ne songeaient pas du moins à la vendre et ne tentaient aucun effort pour se venger.

On les rassemblait dix mille et plus, qui devaient mourir. Un grand nombre étaient munis d'armes, forts, agiles, adroits en tout combat ; ils avaient souvent affronté les cohortes romaines sur le champ de bataille, parfois ils les avaient fait plier. Or, il n'est pas arrivé une fois que les gladiateurs ni les bestiaires aient essayé de bondir sur les spectateurs, de jeter dans le cirque, prince, sénat, vestales et peuple, de se donner ce jeu à eux-mêmes.

Étrange effet de la peur, effrayante abjection de l'homme ! Ces victimes ne pardonnaient pas, ne se résignaient pas, ne se défendaient pas ; bien plus, elles se pliaient au cérémonial des jeux et s'acquittaient de mourir comme d'un service. Ceux qui allaient être dévorés sans combattre et les gladiateurs qui devaient défendre leur vie disaient tous en passant devant l'empereur : *Morituri salutant te, Cæsar !*

un instant son sublime langage pour rappeler ce que les anciens Romains au temps des empereurs demandaient à César en faveur de Rome et de la république. « Qu'elle demeure seulement debout, qu'elle soit florissante en toutes sortes de biens, qu'elle se signale par des victoires, mais surtout qu'elle jouisse d'une parfaite tranquillité, que nous importe le reste ? Nous avons bien plus d'intérêt à ce que chacun accroisse tous les jours son bien pour subvenir à ses profusions et s'assujettir les faibles : que les pauvres fassent la cour aux riches pour avoir de quoi vivre et pour jouir d'une oisiveté tranquille à l'ombre de leur protection, et que les riches abusent des pauvres pour servir à leur faste et à leur vanité ; que les peuples applaudissent non à ceux qui veillent pour leur bonheur, mais à ceux qui fournissent à leurs voluptés; que l'on ne commande rien de fâcheux, que l'on ne défende rien d'agréable ; que les rois ne se soucient pas que leurs sujets soient bons, pourvu qu'ils soient soumis; que leurs sujets ne leur obéissent pas comme aux directeurs de leur conduite, mais comme aux arbitres souverains de leur fortune, qui sont obligés de pourvoir à leurs délices, et qu'au lieu de les honorer sincèrement ils n'aient pour eux qu'une crainte servile, que les lois songent plutôt à conserver à cha-

cun sa vigne que son innocence ; que l'on n'appelle
en justice que ceux qui entreprennent sur le bien
ou sur la vie d'autrui ou qui l'incommodent et lui
font tort ; et qu'au reste il soit permis de faire tout ce
qu'on veut, que l'on bâtisse de grandes et superbes
maisons, que l'on puisse faire bonne chère partout où
l'on voudra sans en être empêché et passer les jours
et les nuits à jouer, se livrer à toute sorte de débau-
ches ; que l'on danse de tous côtés ; que les théâ-
tres retentissent des voix de ceux qui applaudissent
à des actions infâmes ou cruelles et que celui qui
désapprouvera ces divertissements soit regardé
comme un ennemi public ; que quiconque voudra
s'y opposer ne soit point écouté et que le peuple le
bannisse et le lapide. » A ce moment l'immense auditoire s'émeut d'admiration devant l'action toujours
croissante de l'orateur, les applaudissements répri-
més par M. Dupanloup à Saint-André de la Vallée
vont éclater ici dans cette enceinte où l'on se sent
plus à l'aise que dans l'église, l'orateur l'a vu : «Non !
non ?» s'écrie-t-il d'une voix véhémente en accom-
pagnant ces mots d'un geste non moins impératif ;
cet énergique véto comprime l'élan de la multitude :
les mains prêtes à frapper s'abaissent, le silence n'a
jamais été plus profond. D'un ton toujours aussi
sublime Monseigneur Berthaud continue : «Celui qui

devait venir jeter le démenti au nom du ciel à cette
fausse félicité, fille du paganisme, avait paru : c'était
Notre-Seigneur Jésus-Christ, ils l'ont fait mourir
selon qu'ils l'avaient dit ; ils ont fait mourir aussi
les apôtres qui ont continué à s'élever contre leur
prétendu bonheur, mais aujourd'hui Notre-Seigneur règne, les apôtres règnent, et cette grande
diseuse, ajoute-t-il, en montrant la croix dressée
au milieu de l'arène, cette grande diseuse a pro-
testé, elle aussi, contre leur doctrine. Ils ont voulu
la réduire au silence en la renversant. Que d'efforts
n'ont-ils pas tentés pour la faire disparaître ! mais
elle est restée debout ; elle s'est campée sur les
ruines de leurs temples depuis dix-huit siècles, pro-
testant contre leur système et nous disant à tous en
quoi consiste la véritable félicité. Ce n'est pas tout ;
il est encore parmi nous un adversaire qui les gêne,
ils veulent renverser aussi la chaire sacrée et sécu-
laire où siége avec tant de gloire et de vertu celui
qui enseigne les nations au nom de Notre-Seigneur
Jésus-Christ, et ils se sont dit : Nous le réduirons
au silence ce docteur importun qui parle, lui aussi,
contre notre félicité ; nous le ferons disparaître, cet
adversaire de nos principes et de notre système ; et
voilà qu'à ce cri d'attaque l'univers catholique s'est
ému, la guerre est ouverte, une guerre à outrance

en laquelle les chrétiens sont assurés de la victoire, car le Seigneur est avec eux comme autrefois il était avec Israël contre les Amalécites; ils viennent ayant à leur tête les évêques; ils ne traînent pas à leur suite, il est vrai, des fourgons chargés d'armes meurtrières, des artilleries vomissant la mort, ni autres engins de destruction, instruments aveugles qui peuvent éclater aux mains de ceux qui les emploient et leur donner la mort, mais ils ont une idée servie par le dévouement et la prière. Oui, nous n'avons que le glaive de la parole et de nos convictions, mais ce glaive, il peut être plus puissant pour le triomphe des idées que le fer et le feu, et malheur peut-être à qui oserait le braver parce qu'il se croirait abrité derrière la mitraille de quelques bataillons. *Hi in curribus et hi in equis, nos autem in nomine Domini.* Oui, Dieu là-haut pour nous avec sa force, sa puissance; l'Église ici-bas avec nous, avec ses promesses, sa confiance, ses prières; quel est celui qui viendra se mesurer avec Dieu et avec nous?

« D'ailleurs nous avons un chef qui est roi, et quel roi? Il lui a suffi d'un geste et le monde honnête est accouru; l'univers catholique est autour de Pie IX que le ciel contemple, Pie IX le pontife magnanime. »

Mgr de Tulle a ensuite considéré les droits et le

pouvoir de ce roi, il a montré la nécessité de son indépendance temporelle en des termes sublimes qu'on n'a pas coutume d'entendre. Il a fait voir que le pape ne recherche pas lui-même ce pouvoir par un vain désir de régner et de dominer, ce n'est pas pour lui une félicité que d'être roi temporel, mais un embarras, c'est une croix très-pesante, cependant il veut y rester attaché et il doit le vouloir, car c'est le devoir qui l'y tient cloué. On ne cesse de dire à Pie IX : Descends de cette croix, comme autrefois les Juifs disaient au crucifié du Golgotha; descends de ta croix et nous croirons en toi. Mais le Christ ne consentit pas à descendre et le pontife ne descendra pas non plus de la sienne.

Le discours dura au moins une heure et demie, lorsqu'il fut achevé, le jour était à son déclin, la foule immense avait de la peine à quitter l'arène du Colisée; vous dire quel était le nombre des auditeurs serait chose impossible, les journaux ont parlé de vingt mille personnes, je crois que ce chiffre n'est pas exagéré. Quand nous fûmes hors de l'enceinte, je gravis une colline voisine et je vis un magnifique tableau : les équipages et voitures publiques occupaient une place considérable. La foule qui sortait depuis une demi-heure remplissait déjà tout l'espace qui s'étend depuis le Colisée jusqu'au Capitole, c'est-à-dire

tout le *forum romanum* et ses abords, et l'on voyait encore un nombre prodigieux de personnes qui sor-
taient de toutes les ouvertures du Colisée, comme
l'on voit sortir d'une grande ruche les abeilles, lorsqu'elles la quittent pour aller vers d'autres lieux. La
multitude en s'acheminant vers ses demeures s'entretenait de tout ce qu'elle venait de voir et d'entendre. Pour moi, j'allais seul ayant encore une fois
perdu ma société. Je prêtais l'oreille aux divers
propos qui se tenaient à mes côtés. Je m'apercevais
que l'éloquent défenseur de la papauté avait fait
une grande et heureuse impression sur son auditoire ; on aimait à se rappeler ce qu'il avait dit.

Ce n'était pas, certes, un spectacle indifférent que
celui de ce peuple tout entier marchant au milieu
des vieilles ruines du forum, passant au pied de
ces colonnes noircies et ravagées par le cours des
siècles, sous ces arcs de triomphe qui ont vu passer
tant de générations humaines. En arrivant sous les
voûtes imposantes de la vieille basilique de Constantin, je retrouvai mes deux compagnons ; ils
étaient assis sur un de ces blocs de marbre que le
temps de son bras tout-puissant a détachés du haut
de ces voûtes et jetés sur le sol ; en marchant nous
nous mîmes à causer sur toutes ces ruines. O vanité
des choses humaines ! nous disions-nous l'un à

l'autre, voilà donc où viennent aboutir les grandeurs de la terre et les rêves de l'ambition des hommes ! Voilà ce que l'homme avait su édifier et ce que le temps a détruit ! Ce sont ici les débris de cette Rome superbe qui régnait sur le monde et qui s'était promis sur la terre une durée éternelle : elle bâtissait pour les siècles ; ses constructions solides semblaient faites pour défier les efforts du temps, mais le temps l'a cependant emporté. Que reste-t-il de ces fiers conquérants? Où sont ces dieux et ces temples? Une chose qui nous faisait plaisir à voir aux environs du Capitole, c'étaient des églises bâties sur les fondations des anciens temples païens et ornées de leurs superbes débris. Le christianisme a dû vouloir en se servant de ces assises et aussi des colonnes, des marbres, des mosaïques qui étaient employés pour le culte des idoles, pour l'ornement de ses églises, il a dû vouloir marquer sa victoire glorieuse sur le paganisme.

Nous rentrâmes assez tard ; le lendemain devait avoir lieu notre seconde audience du Saint-Père ; ainsi s'écoulait cette semaine féconde en événements qui tenaient sans cesse, comme en haleine les Romains et les étrangers. Mais combien d'autres faits dont nous ne pouvions être les témoins oculaires parvenaient à notre connaissance ; ainsi nous apprîmes qu'une assemblée s'était tenue dans la journée pour le denier de saint Pierre dans le palais du prince Orsini, sous la présidence d'un éminent cardinal de la cour romaine. Là s'étaient trouvés plusieurs autres cardinaux et prélats. Chacun sait que les évêques en se rendant à Rome apportaient les offrandes de leurs diocésains, nous pensions avec bonheur que ce secours apporté par tous les évêques du monde permettrait au Saint-Père de faire face aux besoins de l'Église et de son gouvernement dans les temps difficiles qu'il a à traverser.

Nous entendions raconter un trait charmant qui fut rapporté à Paris par la *Semaine religieuse.*

« Le frère Philippe, supérieur général des frères des écoles chrétiennes, vint se présenter devant le pape avec d'autres pèlerins. Pie IX faisant allusion à une parole de Notre-Seigneur dans le désert quand il va multiplier les pains lui dit : « Philippe, où achèterons-nous du pain pour nourrir tout ce monde ? — Très-saint Père, en voilà pour deux jours, répond le frère Philippe » et il présente à Sa Sainteté la collecte qui a été recueillie dans les classes des enfants du peuple de Paris. — Eh bien ! reprit Pie IX attendri, puisque c'est la volonté de Dieu, désormais ce seront les fils qui nourriront le père. »

XI

DEUXIÈME AUDIENCE DU SAINT-PÈRE.

Lors de notre première audience du Saint-Père sous la conduite de notre cardinal, Sa Sainteté avait promis qu'elle recevrait le plus tôt possible tout le clergé à la fois dans la chapelle Sixtine. « On sera bien à l'étroit, avait dit le Saint-Père, la chapelle Sixtine n'est pas vaste, et le clergé étranger est si nombreux ! surtout le clergé français que j'aime tant ! Ce jour-là, disait-il encore, avec une grâce charmante en voyant que nous lui baisions le pied selon le cérémonial, je n'aurai pas de pieds. Je bénirai tous les objets qui me seront présentés ; je bénirai surtout les bons prêtres. » O saint et vénérable pontife ! qui eût pu penser à le voir si aimable ! si enjoué ! lorsqu'il avait tant de motifs de chagrin et de si profondes amertumes ? La sérénité brillait sur son front, le sourire était sur ses lèvres, et de sa bouche charitable ne tombaient que des paroles d'amour.

Laissons-le parler encore : « J'accorderai le pouvoir à MM. les curés et à tous ceux qui ont charge d'âmes de donner une fois dans leur paroisse à leur retour la bénédiction papale. » Permission généreuse qui ne fut nullement une atteinte portée aux prérogatives de l'épiscopat, ni un moyen adroit dont se servit ce Saint-Père pour flatter le clergé du second ordre. Il faut que la malignité des ennemis de l'Église soit bien grande pour interpréter de la sorte les actes du Pontife suprême. Ce fut le vendredi avant la Pentecôte que le Saint-Père nous réunit donc dans la chapelle Sixtine. Voici ce que dit le journal catholique de Rome à cette occasion (au numéro du 7 juin) : « Hier soir, Pie IX a reçu dans la chapelle Sixtine en audience publique tous les prêtres étrangers des diverses nations venus à Rome pour la fête de demain. Cette vaste chapelle était pleine et l'on y était singulièrement serré. On compte qu'il devait y avoir là plus de quatre mille prêtres ; une centaine n'étaient à Rome que depuis quelques heures et n'avaient pas même eu le temps de trouver un logement, ils avaient encore sur eux leurs habits de voayge. »

Nous étions en effet bien serrés, et ce qui contribuait à me mettre en moiteur, c'est que je portais avec moi un énorme paquet de chapelets à faire bénir. Le Saint-Père nous adressa une allocution en langue latine ; nous étions obligés d'apporter une grande attention pour suivre le cours des idées et beaucoup de mots nous échappaient, parce que la prononciation du latin en Italie diffère un peu de la nôtre. Mais ce discours nous ayant été donné imprimé dans la suite, en même temps qu'une médaille du Saint-Père, je puis en offrir ici la traduction textuelle.

Le Saint-Père nous parla donc en ces termes : « Votre grand nombre inaccoutumé nous offre un « spectacle admirable et très-agréable à voir en ce « temps très-favorable, où nous vous voyons ras- « semblés avec les vénérables évêques du monde « entier autour de nous et de cette chaire maîtresse « du bienheureux Pierre. A ce spectacle, nous ne « sentons pas seulement nos douleurs s'adoucir, « mais nous les oublions presque. Cela n'a pu « se faire que par l'opération de Dieu, auteur de la « paix et de la concorde, qui a donné à son Église « à garder *l'unité dans le lien de la paix,* afin que « les fidèles fussent tous un seul *corps et un seul* « *esprit.* Dans cette unité résident principalement « la gloire des fidèles, l'honneur de l'Église, l'épou- « vante des ennemis ; aussi l'Église leur apparaît- « elle terrible comme une armée rangée en bataille.

« Établis dans cette armée sous vos pasteurs, prési-
« dés par le chef suprême, chacun dans votre rang,
« pareils à une armée sous son général et ses capi-
« taines, accomplissez les commandements. Ceci
« arrive au milieu des causes de douleur de ce
« temps, afin que les pasteurs se serrent plus étroi-
« tement autour de leur chef. Marchez sur leurs
« traces et demeurez attachés à la chaire apostoli-
« que par le triple lien de la prière, de la charité,
« de la doctrine : de la prière, qui *pénètre les*
« *nuées,* par laquelle nous *obtenons la possession de*
« *tout bien et la délivrance de tout mal ;* de la charité,
« par laquelle *nous croissons en toutes choses par*
« *celui qui est le chef, le Christ, par lequel tout le*
« *corps compacte et unifié grandit et s'élève ;* de la
« doctrine, enfin, par laquelle *nous retenons intact*
« *le dépôt de la foi,* et par laquelle l'Église, *comme*
« *inondée de la lumière du Seigneur, projette ses*
« *rayons dans le monde entier.* Nous savons que nous
« traversons des temps très-tristes et que la chaire
« de Pierre est principalement attaquée. Mais elle
« est si solidement fortifiée par Dieu, *que ni la*
« *méchanceté hérétique ne pourra jamais la corrom-*
« *pre, ni la perfidie païenne jamais la renverser.*
« Ainsi, toutes les audaces de l'impiété incrédule
« se briseront sur cette pierre et *s'évanouiront*

« *comme de vieux rêves et des fables surannées.* De
« retour dans vos patries, enseignez ces choses aux
« fidèles confiés à votre vigilance et qu'ils soient
« par vous de plus en plus imbus de l'esprit catho-
« lique, dont vous avez pu vous abreuver plus
« pleinement à la source de l'unité ; qu'ils sachent
« *que les ruisseaux retranchés de la source tarissent :*
« qu'ils sachent que ceux-là seront couronnés qui
« auront légitimement combattu ; qu'ils sachent
« que *tous doivent maintenir fermement et défendre*
« *l'unité de l'Église.* Ainsi disposés et suivant à
« l'envi les exemples de vos pasteurs, tenez pour
« certain que le Dieu très-bon, très-grand, confir-
« mera par la bénédiction céleste ce lien d'unité, et
« ayez-en pour gage solide notre bénédiction apos-
« tolique que nous vous donnons à tous avec très-
« grand amour ; et non-seulement à vous, mais aux
« fidèles confiés à votre vigilance, espérant que
« votre présence auprès de nous leur apportera des
« fruits spirituels. Aussi accordons-nous volontiers
« cette grâce que, le jour désigné par votre propre
« évêque, chacun de vous qui êtes ici rassemblés,
« venus de vos diverses patries, vous puissiez
« accorder une fois aux fidèles confiés à vos soins
« spirituels la bénédiction apostolique, avec appli-
« cation de l'indulgence plénière, pourvu que cha-

« cun d'entre eux, purifié par la confession sacra-
« mentelle et nourri de la sainte communion, ait
« prié avec ferveur le Père des miséricordes pour
« l'exaltation et le triomphe de la sainte Mère
« l'Église. »

Cette traduction est celle des journaux du temps. Le Saint-Père prenant ensuite la parole sur un ton plus familier nous promit de nous donner à tous une médaille comme souvenir de notre voyage à Rome en 1862. Enfin se rappelant la promesse qu'il nous avait faite de bénir tous les objets de piété que nous aurions apportés à cet effet, il prit le livre où sont contenues les prières pour les bénédictions, et, après nous avoir prévenus qu'il avait l'intention d'attacher à ces objets toutes les indulgences qu'ils sont capables de recevoir, il lut solennellement les prières, tandis que nous tenions en main nos croix, chapelets, médailles, reliquaires et autres objets de dévotion. L'assistance était émue. L'un de nous, après que le Saint-Père eut achevé et qu'il nous eut bénis nous-mêmes eut la bonne inspiration d'entonner la prière liturgique : *Oremus pro pontifice nostro Pio.* Toute l'assemblée continua en chantant d'une seul voix et sur un ton sublime *Dominus conservet eum et vivificet eum et beatum faciat eum in terra, et non tradat eum in animam inimicorum ejus :*

« Que le Seigneur le conserve et le vivifie, qu'il le
rende heureux sur la terre et ne le livre pas au pouvoir de ses ennemis. » Trois fois cette invocation
monta du cœur et des lèvres de ces quatre mille
prêtres vers Dieu.

Ainsi se passa cette seconde audience qui ne
ressemblait pas à la première en ce qu'elle était
une audience publique, mais à cause même de ce
caractère d'audience solennelle elle avait aussi un
bien grand prix pour nous.

Le soir du même vendredi après notre dernier
repas, nous allâmes nous asseoir non loin du pont
Saint-Ange sur le bord du Tibre, comme des pen-
seurs qui cherchent la solitude. La soirée était
belle, les étoiles scintillaient, la lune argentée
montait à l'horizon. En pensant aux craintes que
certains terroristes en France avaient cherché à
inspirer sur la tranquillité et la sécurité de Rome
pendant les jours de la canonisation, nous nous
disions quelle apparence y a-t-il ici du moindre
danger? La ville est fort tranquille, d'ailleurs la
présence de nos troupes n'ôte-t-elle pas aux émissaires de la révolution l'idée de troubler ici l'ordre
intérieur ? Et quant à ce qui est du dehors, comment les bandes révolutionnaires ou les agents
perfides d'une puissance voisine pourraient-ils

venir inquiéter la ville sainte dans le moment même où l'Église catholique est si solennellement rassemblée autour de son chef, et à l'ombre du drapeau de la France pour assister à une cérémonie religieuse des plus belles et des plus imposantes ? La grande fête allait donc se passer selon nos prévisions dans la plus parfaite tranquillité.

D'autres pensées nous occupaient encore et fournissaient à notre entretien, nos regards se tournaient avec amour et piété vers les palais de nos vénérés évêques; c'était surtout dans ces retraites sacrées que se traitaient sous les regards de Dieu les grands intérêts de l'Église. Oh ! que Rome offrait alors un beau spectacle à ceux qui avaient les yeux de la foi pour voir ce que l'œil de l'homme charnel ne saurait apercevoir, le saint commerce entre le ciel et la terre, les anges qui montaient vers Dieu pour lui porter les vœux et les prières ardentes du souverain Pontife et des évêques ét qui descendaient du ciel pour répandre sur les successeurs des apôtres les grâces et les faveurs de l'Éternel.

Pendant qu'au Vatican le chef de l'Église s'inspirait dans le recueillement et traçait le sublime discours qui devait fortifier ses frères dans la foi, ou qu'il prenait lecture des adresses touchantes et chaleureuses des évêques d'Italie qui exprimaient au Saint-Père leur regret de se sentir captifs et de ne pouvoir avec tous les autres évêques de l'Église catholique entourer sa personne sacrée, pendant ce temps les évêques réunis à Rome se disposaient dans la retraite et la prière à bien célébrer la Pentecôte en prenant part à la cérémonie de la canonisation, et aussi ils commençaient à rédiger cette fameuse adresse qui devait faire connaître au monde entier les sentiments de l'Église représentée par tant d'évêques sur la grande question de la puissance temporelle du Pape (1).

Quelques soldats venant de notre côté nous tirèrent de nos réflexions : nous les abordâmes; c'est

(1) Un mot extrait de la lettre des évêques d'Italie retenus par le Piémont suffira pour montrer leurs dispositions à l'égard du Saint-Siége. « Bienheureux Père, privés d'accompagner tant d'illustres prélats du monde catholique et d'entourer votre sainteté dans l'un des actes les plus solennels et les plus mémorables de votre glorieux Pontificat, et enviant le bonheur de nos frères, nous cherchons un adoucissement à notre douleur en nous prosternant en esprit aux pieds de votre béatitude et en lui renouvelant les protestations les plus sincères du dévouement profond et de l'affectueuse vénération qui nous rendent communes les peines et les afflictions de Votre Sainteté et nous inspirent une obéissance illimitée à toutes les décisions qui pourront émaner d'elle. »

un vrai plaisir pour des voyageurs français à Rome, surtout pour des ecclésiastiques que de s'entretenir avec des soldats de leur nation, et le plaisir semble partagé. « Eh bien, chers amis, vous plaisez-vous à Rome ? — Modérément, messieurs, on aime encore mieux la France, ce n'est pas que l'on soit malheureux ici, mais il n'est tel que la France, le climat de ce pays est trop chaud, puis nous ne pouvons fréquenter personne, les Italiens ne nous comprennent pas et il faut dire aussi qu'ils n'ont pas le caractère français. — Mais vous avez l'honneur, chers amis, de servir une belle cause, vous êtes les défenseurs de l'Église et du Saint-Père, croyez-vous que Dieu ne vous récompensera pas ; eh quoi ! vous défendez la foi de vos pères et de vos mères, de vos frères et de vos sœurs, de votre pays tout entier ! — Nous le savons, messieurs, le Saint-Père lui-même nous l'a bien dit quand il nous a reçus, il nous a dit aussi un jour que si nous prions avec autant de piété le Dieu des armées que nous combattons avec courage sur le champ d'honneur, il nous assurait de notre salut. Quel bon Pape ! comme il parle admirablement à tout le monde ! mais notre tort, pour en revenir à la question, c'est de trop penser au pays. — Il n'y a pas de mal en cela, chers amis, au contraire, allons, pensez-y toujours, adieu, vive Rome et vive la France ! soyons catholiques et Français. » Et nous les quittâmes charmés de leur droiture et de leur simplicité et aussi de leur amour pour le Saint-Père.

XII

PRÉPARATION A LA GRANDE FÊTE DE LA CANONI-SATION DES-MARTYRS DU JAPON.

Nous avions encore beaucoup à voir dans Rome, des églises, des thermes, des académies, mais quelque chose de plus digne encore de notre admiration et qui est précisément ce qui nous avait attirés à Rome, la solennité incomparable de la Pentecôte fixait toute notre attention ; on était à la veille de ce beau jour. Il approchait comme le moment d'une grande scène unique dans les fastes de l'histoire ecclésiastique, tant il était extraordinaire de voir réunis trois cents évêques, des milliers de prêtres et un nombre infini de fidèles accourus de tous les points du monde pour obéir à un simple signe du souverain Pontife. Jamais peut-être, depuis le jour où la loi fut donnée sur le mont Sinaï et depuis celui où l'Esprit-Saint se répandit sur les Apôtres réunis dans le cénacle, une fête de la Pentecôte n'avait excité un semblable enthousiasme ni promit une si grande solennité ; de toutes les plaines et collines environnantes on voyait descendre de nombreux pèlerins qui venaient augmenter encore le concours des fidèles. Nous étions touchés de voir la religion de ces peuples et nous en écrivions en ces termes à nos amis de Paris dont les lettres venaient de nous parvenir.

« Les jours passent vite à Rome et nous voilà à la veille de la grande solennité, but de notre voyage. Tout semble nous prouver que ce n'est pas seulement des contrées les plus éloignées qu'on se rend ici pour être témoins de la grande fête de demain ; toutes les populations d'alentour arrivent en foule pour prendre part à ces solennités dont elles sont plus souvent témoins que nous. Ce concours extraordinaire ne rappelle-t-il pas ces vers d'un de nos poëtes célèbres au sujet de la Pentecôte des Hébreux.

> . . . . Sitôt que de ce jour
> La trompette sacrée annonçait le retour,
> Du temple orné partout de festons magnifiques
> Le peuple saint en foule inondait les portiques.
>
> RACINE (Athalie).

Le peuple romain est essentiellement un peuple religieux, et qu'on ne pense pas qu'il perde jamais ce beau caractère ; il l'a toujours eu, même dans les temps anciens, avant qu'il ne fût éclairé des lumières de la foi, et il l'aura toujours. Quelques beaux esprits se sont permis de dire avec une sorte d'ironie qu'à Rome on ne voit que des églises.

Il y en a beaucoup à la vérité; on peut en compter, selon le dire habituel, autant que de jours dans l'année, et c'est là le plus bel ornement de la ville éternelle; mais si nous jetons nos regards sur les ruines de l'ancienne Rome, nous voyons qu'il en était de même sous le paganisme ; Rome rapportait tout à la religion; « dans cette ville maîtresse, a dit Bossuet, tout était Dieu excepté Dieu lui-même. » Les Romains avaient-ils remporté une victoire signalée sur leurs ennemis, un décret important avait-il été décidé dans le sénat, ils en rendaient grâces à leurs *dieux immortels*. Or ce caractère religieux devait-il se perdre, lorsque Rome, par un bienfait signalé du ciel, passait des ténèbres de l'idolâtrie à la connaissance du vrai Dieu, et que, de ville maîtresse dans l'ordre temporel, elle devenait à jamais ville maîtresse dans l'ordre spirituel? Non, sans doute. Il n'est donc pas juste de prétendre qu'elle possède trop d'églises; elle n'a fait qu'expier et réparer, en quelque sorte, ses anciennes superstitions en élevant sur les ruines de chaque temple d'idoles un temple à l'Éternel.

Elle s'est plu à se servir des débris de ses anciens autels idolâtriques pour en édifier de plus honorables à celui de qui il est dit : *Christus vicit, Christus regnat, Christus imperat.* Elle a voulu, par reconnaissance, pour son Dieu sauveur, rendre un éclatant témoignage. aux yeux de tous les siècles, de la grande victoire qu'elle a remportée sur le paganisme. Tel a donc été le peuple romain, tel est-il encore, tel il sera toujours, un peuple qui aime la religion et les solennités religieuses, qui ne connaît de véritables fêtes que celles où le cœur a sa part. Nous en avons aujourd'hui la preuve sous les yeux, tous s'empressent, tous ont l'allégresse sur le front, on voit qu'ils sont à la veille d'un de leurs plus beaux triomphes.

XII

FÊTE DE LA CANONISATION.

Mes lecteurs voudront bien me permettre d'entrer ici dans des détails ; les supprimer serait ôter au récit son principal intérêt ; je dois donc commencer par leur dire que, le jour de la canonisation, devançant l'aurore nous allions frapper à la porte de l'église la plus voisine de notre demeure pour célébrer notre messe ; mais, peine inutile ! le nombre de prêtres étrangers était si grand que nous dûmes nous contenter d'assister à la messe de l'un de nos confrères et de communier.

Notre déjeuner ne fut pas long et, vers six heures, à l'aide de billets de faveur que Son Éminence notre archevêque nous avait fait remettre, nous entrions dans la basilique par la porte Santa-Maria, étant portés par la foule, car cette porte, sur le côté gauche de la basilique, n'est pas large, et le flot était considérable. Lancés dans l'église, nous pûmes reprendre haleine et aller gagner nos places dans le côté droit de la nef transversale où nous nous trouvions un peu trop loin malheureusement. Cependant nous pouvions voir l'ensemble de la cérémonie. Mais nous dûmes renoncer au plaisir de voir la procession sortir du Vatican et défiler sur la place pour entrer dans le temple. Voici comme cette procession avait été organisée.

Dans la chapelle Sixtine, au Vatican, avaient pris place autour du Pape, selon leur rang de préséance, les trois cents prélats; au premier rang les cardinaux, au second les patriarches et archevêques, au troisième tous les évêques; auprès de la personne du Pape étaient encore beaucoup de dignitaires, les conservateurs et le sénateur de Rome, le prince assistant au trône, le cardinal diacre ministrant, les deux premiers maîtres de cérémonie, les personnages dits de la garde du Pontife, puis les officiers chargés de porter ou d'escorter le siége sur lequel s'assoit le Pape.

On avait demandé au Saint-Père que les prêtres étrangers fissent partie de la procession, mais leur grand nombre ne permit pas de les y admettre, en vain on les aurait mis sur quatre ou cinq rangs.

Devant l'immense file de prélats qui précédaient

le Pape, se présentait la chapelle pontificale qui comprend un grand nombre de dignitaires, des chapelains, des camériers, des référendaires, dont les uns portent les insignes de Sa Sainteté, la tiare, la mitre ; l'auditeur de rote portait la croix papale, le prélat doyen l'encensoir.

Plus en avant encore, on voyait les bannières des bienheureux précédées des membres du tribunal de la sainte Congrégation des rites, des consulteurs et des prélats officiers : sur la première des bannières était représenté le confesseur Michel de Sanctis ; devant marchaient six dignitaires déchaussés, en cotte, tenant de gros cierges inclinés, quatre pères portaient les cordons de soie, et des membres de l'archiconfrérie de Gonvalon soutenaient la bannière. Sur la seconde bannière étaient représentés le bienheureux Paul Miki et ses compagnons martyrs ; c'étaient des pères de la Compagnie de Jésus qui l'escortaient. Sur la troisième étaient représentés les martyrs franciscains ; elle était escortée aussi par ceux de leur ordre. Enfin, tout à fait en avant, à la suite des élèves de l'hospice apostolique et de ceux de la maison des orphelins, qui formaient la tête de la procession, on voyait, rangés sous leur bannière respective, les religieux des ordres mendiants et monastiques, les chanoines réguliers, suivis de la croix du clergé séculier, des élèves du collége romain, du collége des curés, des chanoines et clergé des collégiales, et des chanoines et clergé des basiliques mineures et patriarcales, ces derniers précédés de pavillons et de clochettes. La marche de toute cette longue file qui précédait les bannières des bienheureux et formait la tête de la procession était fermée par Mgr le vice-gérant, entouré des membres du tribunal et de l'éminentissime cardinal vicaire.

Telle était donc cette immense procession qui se mit en marche vers sept heures pour entrer dans Saint-Pierre, dont la façade était aussi pompeusement ornée de l'effigie des vingt-sept bienheureux qui devaient être canonisés.

A l'intérieur, la basilique resplendissait déjà de l'éclat de plus de vingt mille bougies; on avait eu soin d'intercepter le jour au moyen de rideaux devant toutes les croisées. C'étaient des girandoles suspendues à une très-grande hauteur dans toute l'étendue de la basilique; c'étaient les corniches sur deux étages qui, tout autour de l'enceinte, ornaient la voûte et qui étaient garnies de cierges du poids de deux livres chacun; c'étaient des candélabres qui, du pavé du temple, s'élevaient à plus de vingt pieds de hauteur. Nous contemplions toutes ces lumières, qui brillaient au-dessus de nos têtes comme d'innombrables étoiles, répandant une clarté vive, quand la procession entra. A la suite de l'immense cortége que nous avons décrit, le Pape, sur la *sedia gestatoria* qui l'élève de beaucoup au-dessus de la multitude, le front ceint de la mitre, enveloppé dans les plis du manteau pontifical, la main gauche recouverte d'un voile de soie brodé d'or et portant un cierge allumé, avançait, rayonnant de gloire et de majesté; sa main droite bénissait la foule prosternée sur son passage.

Les assistants à la procession sur deux files tenaient aussi un cierge allumé et un petit livre de psaumes et d'hymnes imprimés par le commandement exprès de Sa Sainteté. L'*Ave maris stella* fut entonné par le Pape et continué par les chantres de la chapelle Sixtine et par toute la multitude.

La procession mit un temps considérable à défiler dans l'enceinte; les communautés, les clercs, les prêtres, les chanoines, les dignitaires étaient rangés dans un ordre parfait. Rien n'était plus beau à voir surtout que ces trois cents pontifes avec leurs chapes rouges et leurs mitres blanches.

La procession s'est d'abord arrêtée devant l'autel du Très-Saint Sacrement. Sa Sainteté, selon sa coutume à laquelle elle ne déroge jamais, s'est fait conduire à cet autel; elle est descendue de la sedia, s'est agenouillée sur un prie-Dieu préparé pour elle et a fait son adoration au très-saint Sacrement, puis elle est remontée sur la sedia pour continuer jusqu'au trône pontifical dans le chœur.

Après une courte prière, le Pape s'étant assis a reçu l'obédience de tous les prélats et princes de l'Église; les cardinaux d'abord lui ont baisé la main, puis les primats, les archevêques, les évêques ont baisé la croix de l'étole reposant sur son genou, et enfin les abbés généraux et les pénitenciers de la basilique lui ont baisé le pied. Cette cérémonie achevée, tous ont pris place autour du trône pontifical selon l'ordre hiérarchique, les cardinaux au premier rang, au second rang les primats et archevêques, au troisième rang les évêques. Quel spectacle ! Jamais depuis bien des siècles assemblée si imposante ne s'était réunie dans Saint-Pierre, autour du trône du Pontife suprême. Heureux les yeux qui ont vu cette merveille ! il leur reste une idée des grandeurs de l'Église catholique.

Tous tenant en main un cierge allumé, la cérémonie de la canonisation commença. L'èminentissime cardinal Clarelli, accompagné d'un cérémoniaire et d'un avocat consistorial, s'est avancé au pied du trône, et l'avocat à genoux s'est exprimé en ces termes devant Sa Sainteté :

« Beatissime Pater, Reverendissimus cardinalis Clarelli, hìc præsens, *instanter* petit per sanctitatem vestram catalogo sanctorum Domini Nostri Jesu Christi adscribi, et tanquam sanctos ab omnibus Christi fidelibus pronunciari venerandos beatos *Petrum Baptistam, Paulum,* eorumque socios, *martyres,* et *Michaelem de Sanctis,* confessorem. »

Très-Saint Père, le Révérendissime seigneur cardinal Clarelli, ici présent, demande *avec instance* que Votre Sainteté inscrive au catalogue des saints de Notre-Seigneur Jésus-Christ, et ordonne que soient vénérés comme saints par tous les fidèles du Christ, les bienheureux *Pierre Baptiste, Paul et ses compagnons* martyrs, et *Michel de Sanctis,* confesseur.

Un secrétaire de Sa Sainteté a répondu en son nom que, bien qu'édifiée déjà sur les vertus de ces bienheureux et sur les miracles par lesquels le Seigneur avait témoigné la gloire dont ils jouissent, Sa Sainteté exhortait néanmoins l'assistance à implorer pour elle les lumières du ciel par l'intercession de la bienheureuse Marie, des saints apôtres Pierre et Paul, et de tous les saints.

Les postulateurs sont retournés à leur place, deux chapelains chantres ont entonné les litanies des saints, et on les a continuées jusqu'au dernier Kyrie, eleison. L'immense assemblée qui remplissait Saint-Pierre unissait sa voix à celle du chœur ; on eût dit le bruit des grandes eaux dont a parlé l'auteur sacré de l'*Apocalypse*.

La même cérémonie s'est renouvelée encore deux fois ; à la seconde postulation le cardinal révérendissime demanda non plus seulement *instanter*, mais *instantiùs*, c'est-à-dire plus instamment ; et le saint Père, afin qu'on eût recours non plus seulement aux saints, mais à l'Esprit-Saint lui-même, a entonné le *Veni, creator*. Enfin à la troisième postulation le cardinal a demandé *instantissimè*, très-instamment.

Le Saint-Père, vaincu enfin par la très-grande insistance de l'Église et éclairé par l'Esprit d'en haut, déclara en qualité de docteur de l'Église universelle que, puisque la gloire de Dieu y était intéressée, il allait prononcer la sentence définitive.

L'assemblée s'est levée, le Pape ceint de sa mitre s'est assis sur la chaire de Pierre et a parlé en ces termes :

« Ad honorem sanctæ et individuæ Trinitatis, ad
« exaltationem Fidei catholicæ et christianæ reli-
« gionis augmentum, auctoritate Domini nostri
« Jesu Christi, beatorum apostolorum Petri et Pauli,
« ac nostrâ ; maturâ deliberatione præhabitâ, et

« divinâ ope sæpiùs imploratâ, ac de venerabilium
« Fratrum nostrorum sanctæ Romanæ Ecclesiæ car-
« dinalium, Patriarcharum, Archiepiscoporum et
« Episcoporum in Urbe existentium consilio, Bea-
« tos Petrum Baptistam, Martinum de Ascensione,
« Franciscum Blanco, sacerdotes ; Paulum Miki,
« Joannem Soan, Philippum à Jesu, clericos ; Dida-
« cum Jacobum Kisai, catechistam ; Franciscum de
« sancto Michaele, Gundisalvum Garzia, Paulum
« Suzuqui, Gabrielem à Duisco, Joannem Quizuya,
« Thomam Danchi, Franciscum, Thomam Kozaki,
« Joachim Saquijor, Bonaventuram, Leonem Cara-
« zuma, Matthiam, Antonium, Ludovicum Ibarchi,
« Paulum Yuaniqui Ibarchi, Michaelem Kozaki, Pe-
« trum Sequezein, Cosman Raquisa, Franciscum
« Fahelante, laicos, omnes martyres, et Michaelem
« de Sanctis, confessorem, sanctos esse decernimus,
« et definimus, ac sanctorum catalogo adscribimus.
« — Statuentes ab Ecclesiâ Universali eorum me-
« moriam quolibet anno, nempè Petri Baptistæ et
« sociorum, die quinta Februarii, qua pro Christo
« passi sunt, inter sanctos martyres ; et Michaelis
« die quinta Julii inter sanctos confessores non
« Pontifices, piâ devotione recoli debere. In nomine
« Patris, et Filii, et Spiritûs Sancti. Amen. »

« En l'honneur de la sainte et indivisible Trinité,

« pour l'exaltation de la foi catholique et pour
« l'accroissement de la religion chrétienne, par
« l'autorité de Notre-Seigneur Jésus-Christ, des
« bienheureux apôtres Pierre et Paul, et la nôtre ;
« après une mûre délibération, et ayant souvent
« imploré le secours divin, de l'avis de nos vénéra-
« bles frères les cardinaux de la sainte Église ro-
« maine, les patriarches, archevêques et évêques
« présents dans la ville, nous décrétons et définis-
« sons saints, et nous inscrivons au catalogue des
« saints : les bienheureux Pierre-Baptiste, Martin
« de l'Ascension, François Blanco, prêtres ; Paul
« Miki, Jean Sean, Philippe de Jésus, clercs ; Di-
« dace-Jacques Kisaï, catéchiste ; François de Saint-
« Michel, Gonzalez Garcia, Paul Suzuqui, Gabriel
« de Duisco, Jean Guizuya, Thomas d'Anchi, Fran-
« çois, Thomas Kosaki, Joachim Sakijor, Bonaven-
« ture, Léon Carasumaro, Mathias, Antoine, Louis
« Ibarchi, Paul Yuaniki Ibarchi, Michel Kosaki,
« Pierre Sequezein, Cosme Raquisa, François
« Fahelante, laïques, tous martyrs, et Michel de
« Sanctis, confesseur. — Statuant que leur mémoire
« devra être rappelée tous les ans avec une pieuse
« dévotion dans l'Église universelle, savoir : celle
« de Pierre-Baptiste et de ses compagnons, le cinq
« février, jour où ils ont souffert pour le Christ,

« parmi les saints martyrs; et celle de Michel, le
« cinq juillet, parmi les saints confesseurs non
« pontifes. Au nom du Père, et du Fils, et du Saint-
« Esprit. Ainsi soit-il.

Alors les postulateurs et l'avocat consistorial ont
remercié Sa Sainteté et l'ont suppliée de vouloir
bien ordonner l'expédition des lettres apostoliques
concernant la canonisation. Le Saint-Père a répondu : *Decernimus :* « Nous décrétons, » puis il a
entonné l'hymne d'actions de grâces : *Te Deum
laudamus.*

Ce fut là un des moments les plus solennels et les
plus beaux. Chantée alternativement par le clergé
et par quarante mille voix, la belle hymne ambroi-
sienne remplissait harmonieusement l'immense basilique et montait avec éclat jusqu'au trône de Dieu,
les trompettes sacrées retentissaient dans les hauteurs de la coupole, et le château Saint-Ange accompagnait de ses salves tonnantes cette harmonie sublime. Alors les cloches de Saint-Pierre et celles des
trois cents églises de Rome se sont mises en branle
pour convier tous les habitants de la ville éternelle
à réciter les prières prescrites pour gagner les indulgences.

Nous n'étions encore qu'à la dixième heure;
après la cérémonie de la canonisation vint celle

7.

non moins auguste de la messe papale. Les personnes qui ont assisté aux offices de Pâques ou de Noël à Saint-Pierre savent ce que c'est qu'une messe papale ; cette fois elle prenait un nouvel éclat à cause de la splendeur extraordinaire du temple et de l'assistance incomparable de tant de prélats autour du pontife-roi.

Cette messe est toujours accompagnée de particularités bien intéressantes. Rien de plus majestueux d'abord que ce concours de plusieurs cardinaux qui assistent le Saint-Père dans la célébration du divin sacrifice. C'était l'éminentissime Mattei, l'éminentissime Antonelli, puis Mgr Nardi, auditeur de rote. Des oblations nombreuses et très-significatives étaient préparées sur trois grandes tables non loin de l'autel, on voyait des cierges dont plusieurs pesaient soixante livres, d'autres n'en pesant que dix, des tourterelles et autres oiseaux dans des cages d'or, des pains dont les uns étaient dorés, et d'autres argentés ; ces oblations qui ont des significations mystérieuses sont présentées à Sa Sainteté par des cardinaux au moment de l'offertoire.

L'oraison des nouveaux saints a été unie à celle du jour sous une même conclusion ; et après le chant de l'Évangile dans les deux idiomes, c'est-à-dire en grec et en latin, le Saint-Père a prononcé une homélie ; nous étions beaucoup trop éloignés pour pouvoir l'entendre.

Au moment de l'offertoire le Saint-Père était sur son trône, trois cardinaux sont venus successivement présenter les oblations que Sa Sainteté a bénies.

Après les oblations Sa Sainteté a continué la célébration de la messe. Mais, qu'il était beau de voir au moment de la consécration et de l'élévation le souverain Pontife élevant la divine hostie et se tournant pour bénir successivement vers le Nord et le Midi, l'Orient et l'Occident ! C'est alors que les chants sacrés ont retenti avec plus de force pour glorifier le Dieu caché qui, bien qu'anéanti sous les voiles eucharistiques, fait sentir sa divine présence par les émotions et les transports d'amour qui débordent de tous les cœurs. La messe papale est toujours très-longue et très-solennelle. Le Saint-Père étant retourné sur son trône, un cardinal entouré de plusieurs autres ministres a été lui porter la communion. Il était plus d'une heure lorsque la messe fut entièrement achevée. Sa ¡Sainteté put se retirer dans ses appartements.

On remarquait, dans les tribunes séparées, LL. MM. le roi et la reine des deux Siciles, sa M. la reine veuve de Naples, LL. AA. RR. le prince et les princesses ses enfants ; LL. AA. RR. le comte

et la comtesse de Trani et le comte et la comtesse
de Trapani, ainsi que son A. R. Dona Isabelle-
Marie, infante de Portugal, notre ambassadeur, le
corps diplomatique et tout ce qu'il y avait à Rome
de notabilités romaines et étrangères.

Une partie considérable de la garnison française
et des troupes pontificales étaient rangées dans le
centre de la basilique, ainsi que des pompiers en
grand nombre pour prévenir tout danger d'incendie.
L'illumination qui avait commencé à sept heures du
matin durait encore, elle avait cependant perdu de
son premier éclat, et l'atmosphère dans l'église était
sensiblement altérée par la fumée des innombrables
bougies.

La cérémonie finie, les portes de Saint-Pierre
s'ouvrirent, et l'on vit tout un grand peuple s'ébranler pour sortir de l'immense enceinte ; il fallut
près d'une heure pour que la foule s'écoulât du
temple ; et les assistants du dehors qui n'avaient pu
trouver place dans l'enceinte pendant la cérémonie
entrèrent à leur tour après que le flot fut écoulé,
pour contempler l'ornementation de la basilique et
satisfaire à leur dévotion qui les portait à prier
devant les images des vingt-sept saints nouvellement
canonisés. Ainsi se termina cette admirable fête de
la canonisation des martyrs japonais ; la joie et l'al-

légresse, qui animaient toute la multitude, se prolongèrent le reste de la journée. Le soir les églises des Franciscains, des Jésuites et des Trinitaires étaient illuminées ainsi que le pont Saint-Ange, dont les lumières se reflétaient admirablement dans le Tibre.

XIV

ALLOCUTION DU SAINT-PÈRE ET ADRESSE DES ÉVÊQUES.

Ainsi s'était donc passée la grande journée de la canonisation, journée si ardemment attendue ; nous pouvions désormais honorer et invoquer les nouveaux élus reconnus et proclamés saints par une autorité infaillible. Bien que nous n'ayons pu voir en détail toute la cérémonie, nous pouvions dire que nous avions assisté à une scène qu'il ne nous serait jamais donné de revoir.

Ne croyez pas, chers lecteurs, que dès le lendemain de cette solennité extraordinaire le plus grand nombre des étrangers ne songeât plus qu'à se retirer, beaucoup voulaient rester encore au moins une semaine dans la cité sainte, nous étions de ce nombre, d'autres se proposaient de rester jusqu'aux fêtes du très-saint Sacrement qui se célèbrent à Rome avec tant d'édification.

Quant aux prélats, ils n'avaient encore accompli qu'une partie de leur tâche, et, ce jour même, allait avoir lieu au Vatican un événement non moins important que celui de la veille. Le Saint-Père tint un consistoire où se trouvaient encore une fois réunis autour de sa personne auguste et sacrée tous les cardinaux, patriarches, archevêques et évêques. C'est en présence de cette assemblée la plus auguste qui se puisse voir, puisque c'est l'Église dans sa plus haute représentation, que le Saint-Père prononça d'une voix digne cette allocution mémorable qui devait avoir un si grand retentissement dans le monde entier et produire un effet si extraordinaire.

« Vénérables Frères,

« Nous avons été pénétré d'une joie profonde,
« lorsque nous avons pu hier, avec l'aide de Dieu,
« décerner les honneurs et le culte des saints à
« vingt-sept intrépides héros de notre divine reli-
« gion, et cela en vous possédant à nos côtés, vous
« qui, doués d'une si haute piété et de tant de ver-
« tus, appelés à partager notre sollicitude au milieu
« de temps si douloureux, combattant vaillamment
« pour la maison d'Israël, êtes pour nous une con-
« solation et un appui souverains.

« Plût à Dieu que, pendant que nous sommes
« inondé de cette joie, aucune cause de chagrin et
« de deuil ne vînt nous contrister d'ailleurs ! En
« effet, nous ne pouvons pas ne pas être accablé de
« douleur et d'angoisses à la vue des dommages et
« des maux terribles et à jamais déplorables dont
« l'Église catholique et la société civile elle-même
« sont misérablement tourmentées et opprimées,
« au grand détriment des âmes.

« Vous connaissez en effet, vénérables Frères,
« cette guerre implacable déclarée au catholicisme
« tout entier par ces mêmes hommes qui, ennemis
« de la croix de Jésus-Christ, ne pouvant supporter
« la saine doctrine, unis entre eux par une coupa-
« ble alliance, basphèment ce qu'ils ignorent et
« entreprennent d'ébranler les fondements de la
« société humaine, bien plus, de la renverser de
« fond en comble, si cela était possible ; de per-
« vertir les esprits et les cœurs, de les remplir des
« plus pernicieuses erreurs et de les arracher à la
« religion catholique.

« Ces perfides artisans de fraudes, ces fabrica-
« teurs de mensonges ne cessent de tirer des ténè-
« bres les monstrueuses erreurs des anciens temps
« déjà tant de fois réfutées et vaincues par les plus
« sévères jugements de l'Église, de les exagérer

« en les revêtant de formes et de paroles nouvelles
« et fallacieuses et de les propager partout et de
« toutes manières.

« Par ces funestes et diaboliques artifices, ils
« souillent et pervertissent toute science, ils répan-
« dent pour la perte des âmes un poison mortel,
« ils favorisent une licence effrénée et les plus
« mauvaises passions ; ils bouleversent l'ordre reli-
« gieux et social, ils s'efforcent de détruire toute
« idée de justice, de vérité, de droit, d'honneur et
« de religion, ils tournent en dérision, insultent et
« méprisent la doctrine des saints préceptes du
« Christ.

« L'esprit recule d'horreur, il craint de toucher,
« même légèrement, les principales de ces erreurs
« pestilentielles, par lesquelles ces hommes dans
« nos temps malheureux troublent toutes les cho-
« ses divines et humaines.

« Personne de vous n'ignore, vénérables Frères,
« que ces hommes détruisent complétement l'union
« nécessaire qui, par la volonté de Dieu, relie l'or-
« dre naturel et l'ordre surnaturel, et qu'en même
« temps ils changent, renversent et abolissent le
« caractère propre, véritable, légitime de la révéla-
« tion divine, l'autorité, la constitution et la puis-
« sance de l'Église. Et ils en arrivent à cette témé-

« rité d'opinion, qu'ils ne craignent point de nier
« audacieusement toute vérité, toute loi, toute puis-
« sance divine ; ils n'ont pas honte d'affirmer que
« la science de la philosophie et de la morale, ainsi
« que les lois civiles peuvent et doivent ne pas re-
« lever de la révélation et décliner l'autorité de
« l'Église. Que l'Église n'est pas une société vérita-
« ble et parfaite, pleinement libre, et qu'elle ne
« peut pas s'appuyer sur les droits propres et per-
« manents que lui a conférés son divin Fondateur ;
« mais qu'il appartient à la puissance civile de dé-
« finir quels sont les droits de l'Église et dans quel-
« les limites elle peut les exercer.

« De là ils concluent à tort que la puissance civile
« peut s'immiscer aux choses qui appartiennent à
« la religion, aux mœurs et au gouvernement spi-
« rituel des âmes, et même empêcher que les pré-
« lats et les peuples fidèles communiquent librement
« et réciproquement avec le Pontife romain, divi-
« nement établi le Pasteur suprême de toute l'Église ;
« et cela afin de dissoudre cette nécessaire et très-
« étroite union qui, par l'institution divine de No-
« tre-Seigneur lui-même , doit exister entre les
« membres mystiques du corps du Christ et celui
« que le Christ a divinement institué leur chef visi-
« ble. Ils ne craignent pas non plus de proclamer

« avec ruse et fausseté, devant la multitude, que les
« ministres de l'Église et le Pontife romain doivent
« être exclus de tous droits et de toute puissance
« temporelle.

« En outre, ils n'hésitent pas, dans leur extrême
« impudence, à affirmer que non-seulement la révé-
« lation divine ne sert à rien, mais qu'elle nuit à la
« perfection de l'homme, qu'elle est elle-même im-
« parfaite et par conséquent soumise à un progrès
« *continu et indéfini* qui doit répondre au dévelop-
« pement progressif de la raison humaine.

« Aussi, osent-ils prétendre que les prophéties et
« les miracles exposés et racontés dans les livres
« sacrés sont des fables de poëtes ; que les saints
« mystères de notre foi sont le résultat d'investiga-
« tions philosophiques ; que les livres divins de l'An-
« cien et du Nouveau Testament ne contiennent
« que des mythes, et que, chose horrible à dire !
« Notre-Seigneur Jésus-Christ n'est qu'un mythe et
« une fiction.

« En conséquence, ces turbulents adeptes de dog-
« mes pervers soutiennent que les lois morales n'ont
« pas besoin de sanction divine ; qu'il n'est point
« nécessaire que les lois humaines se conforment au
« droit naturel ou reçoivent de Dieu la force obliga-
« toire, et ils affirment que la loi divine n'existe pas.

« Bien plus, ils osent nier toute action de Dieu
« sur le monde et sur les hommes, et ils avancent
« témérairement que la raison humaine, sans aucun
« respect de Dieu, est l'unique arbitre du vrai et du
« faux, du bien et du mal ; qu'elle est à elle-même
« sa loi et qu'elle suffit par ses forces naturelles
« pour procurer le bien des hommes et celui des
« peuples.

« Tandis qu'ils font malicieusement dériver tou-
« tes les vérités de la religion de la force native de
« la raison humaine, ils accordent à chaque homme
« une sorte de droit primordial par lequel il peut li-
« brement penser et parler de religion, et rendre à
« Dieu l'honneur et le culte qu'il juge le meilleur à
« son gré.

« Et ils viennent à cet excès d'impiété et d'au-
« dace, qu'ils attaquent le ciel et s'efforcent d'en
« chasser Dieu lui-même. En effet, avec une per-
« versité qui n'a d'égale que leur folie, ils ne crai-
« gnent pas d'affirmer que la Divinité suprême,
« pleine de sagesse et de providence, n'est pas dis-
« tincte de l'universalité des choses, que Dieu est la
« même chose que la nature, sujet comme elle aux
« changements, que Dieu se confond avec l'homme
« et le monde, que tout est Dieu ; que Dieu est une
« substance, une même chose que le monde ; et

« par suite qu'il n'y a pas de différence entre l'es-
« prit et la matière, la nécessité et la liberté, le
« vrai et le faux, le bien et le mal, le juste et l'in-
« juste. Certes, rien de plus insensé, rien de plus
« impie et de plus répugnant même pour la raison
« ne saurait être imaginé.

« Ils font dérision de l'autorité et du droit avec
« tant de témérité, qu'ils ont l'impudence de dire
« que l'autorité n'est rien, si ce n'est celle du nom-
« bre et de la force matérielle ; que le droit con-
« siste dans le fait ; que les devoirs des hommes sont
« un vain mot, et que tous les faits humains ont
« force de droit.

« Ajoutant ensuite les mensonges aux menson-
« ges, les délires aux délires, foulant aux pieds
« toute autorité légitime, tout droit légitime, toute
« obligation, tout devoir, ils n'hésitent pas à substi-
« tuer à la place du droit véritable et légitime le
« droit faux et menteur de la force, et à subordon-
« ner l'ordre moral à l'ordre matériel. Ils ne re-
« connaissent d'autre force que celle qui réside
« dans la matière. Ils mettent toute la morale et
« l'honneur à accumuler la richesse par quelque
« moyen que ce soit et à assouvir toutes les pas-
« sions dépravées.

« Par ces principes abominables, ils favorisent la

« rébellion de la chair contre l'esprit ; ils l'entretien-
« nent et l'exaltent, et ils lui accordent ces droits
« et ces dons naturels qu'ils prétendent méconnus
« par la doctrine catholique, méprisant ainsi l'aver-
« tissement de l'Apôtre qui s'écrie : *Si vous vivez*
« *selon la chair, vous mourrez ; si vous mortifiez la*
« *chair par l'esprit, vous vivrez.* (AD ROM., cha-
« pitre XLI, v. 13.) Ils s'efforcent d'envahir et d'a-
« néantir les droits de toute propriété légitime, et
« ils imaginent, par la perversité de leur esprit,
« une sorte de droit *affranchi de toute limite*, dont,
« selon eux, jouirait l'État, dans lequel ils préten-
« dent témérairement voir la source et l'origine de
« tous les droits.

« Mais pendant que nous parcourons rapidement
« et avec douleur ces erreurs principales de notre
« malheureuse époque, nous oublions de rappeler,
« vénérables Frères, tant d'autres faussetés presque
« innombrables, que vous connaissez parfaitement,
« et avec lesquelles les ennemis de Dieu et des
« hommes s'efforcent de troubler et d'ébranler la
« société sacrée et la société civile.

« Nous passons sous silence les injures, les ca-
« lomnies, les outrages si graves et si multipliés
« dont ils ne cessent de poursuivre les ministres de
« l'Église et ce Siége apostolique. Nous ne parlons

« pas de cette hypocrisie odieuse avec laquelle les
« chefs et satellites de cette rébellion et de ce dé-
« sordre, surtout en Italie, affectent de dire qu'ils
« veulent que l'Église jouisse de sa liberté, tandis
« que, avec une audace sacrilége, ils foulent aux
« pieds de plus en plus, chaque jour, les droits et
« les lois de cette Église, la dépouillent de ses biens,
« persécutent des prélats et des ecclésiastiques no-
« blement dévoués à leur ministère, les emprison-
« nent, chassent violemment de leurs asiles les
« disciples des ordres religieux et les vierges con-
« sacrées à Dieu, et ne reculent devant aucune en-
« treprise pour réduire à une honteuse servitude et
« pour opprimer l'Église.

« Pendant que votre présence si désirée nous
« cause une allégresse singulière, vous êtes témoins
« vous-mêmes de la liberté qu'ont aujourd'hui, en
« Italie nos vénérables Frères dans l'épiscopat, qui,
« combattant avec courage et persévérance les
« combats du Seigneur, ont été, à notre profonde
« douleur, empêchés de venir vers nous et de se
« trouver avec vous, d'assister à cette assem-
« blée, ce qu'ils désiraient si vivement, ainsi
« que les archevêques et évêques de la malheu-
« reuse Italie nous l'ont fait savoir par leurs
« lettres toutes remplies envers nous et envers

« ce Saint-Siége d'amour et de dévouement.

« Vous ne voyez non plus ici aucun des prélats
« du Portugal, et nous sommes vivement affligé en
« considérant la nature des difficultés qui se sont
« opposées à ce qu'ils prissent le chemin de Rome.
« Nous omettons aussi de rappeler les tristes hor-
« reurs que les sectateurs de ces perverses doctri-
« nes accomplissent, à la cruelle désolation de no-
« tre cœur, du vôtre, et de celui des gens de bien ;
« nous ne disons rien de cette conspiration impie,
« de ces manœuvres coupables et fallacieuses, par
« lesquelles ils veulent renverser et détruire la sou-
« veraineté. temporelle du Saint-Siége.

« Il nous est plus doux de rappeler cette admi-
« rable unanimité avec laquelle vous-mêmes, unis
« à tous les vénérables prélats de l'univers catho-
« lique, vous n'avez jamais cessé, et par vos lettres
« adressées à nous, et par des instructions pasto-
« rales adresséesaux fidèles, de dévoiler et de réfu-
« ter ces perfidies, enseignant en même temps que
« cette souveraineté temporelle du Saint-Siége a
« été donnée au Pontife romain par un dessein par-
« ticulier de la divine Providence, et qu'elle est né-
« cessaire, afin que ce Pontife romain, n'étant sujet
« d'aucun prince et d'aucun pouvoir civil, exerce
« dans toute l'Église, avec la plénitude de sa liberté,

« la suprême puissance et autorité dont il a été di-
« vinement investi par Notre-Seigneur Jésus-Christ
« lui-même, pour conduire et gouverner le trou-
« peau entier du Seigneur, et qu'il puisse pourvoir
« au plus grand bien de l'Église, aux besoins et
« aux avantages des fidèles qui la composent.

« Les sujets lamentables dont nous venons de
« vous entretenir jusqu'ici, vénérables Frères, for-
« ment sans doute un douloureux spectacle. Qui ne
« voit, en effet, que tant de doctrines impies, que
« tant de machinations et de folies dépravées, cor-
« rompent chaque jour plus misérablement le peu-
« ple chrétien, le poussent à la ruine, attaquent
« l'Église catholique, sa doctrine salutaire , ses
« droits et ses lois vénérables, ses ministres sacrés ;
« propagent les vices et les crimes et bouleversent
« la société civile elle-même ?

« Aussi, quant à nous, nous souvenant de notre
« charge apostolique, et plein de sollicitude pour le
« salut spirituel de tous les peuples qui nous ont
« été divinement confiés, comme, pour nous servir
« du mot de saint Léon, notre prédécesseur ;
« comme nous ne pouvons autrement gouverner
« ceux qui nous sont confiés , qu'en poursuivant
« avec le zèle de la foi du Seigneur ceux qui per-
« vertissent et sont pervertis , et en arrachant avec

« toute la sévérité possible ce venin des âmes sai-
« nes, afin qu'il ne s'étende pas plus loin (Épî-
« tre VIII, *Ad episcop. per Ital.*, CII); élevant notre
« voix apostolique en votre illustre assemblée, nous
« réprouvons, condamnons et proscrivons les er-
« reurs ci-dessus énoncées, non-seulement comme
« contraires à la foi et à la doctrine catholiques, aux
« lois divines et ecclésiastiques, mais même à la loi
« et à la justice naturelles et éternelles, et à la droite
« raison.

« Pour vous, vénérables frères, qui êtes le sel de
« la terre, les gardiens et les pasteurs du troupeau
« du Seigneur, nous vous exhortons et vous con-
« jurons de plus en plus de continuer votre admi-
« rable piété et votre zèle épiscopal, ainsi que vous
« l'avez fait, au souverain honneur de votre ordre;
« d'éloigner avec un soin et une vigilance extrêmes
« les fidèles qui vous sont confiés de ces pâturages
« empoisonnés; de combattre et de réfuter la per-
« versité monstrueuse de ces opinions, tant par la
« parole que par les écrits.

« Vous savez, en effet, qu'il s'agit d'intérêts su-
« prêmes, puisqu'il s'agit de la cause de notre très-
« sainte foi, de l'Église catholique, de sa doctrine, du
« salut des peuples, de la paix et de la tranquillité
« de la société humaine. C'est pourquoi, autant

« qu'il est en vous, ne cessez jamais d'éloigner des
« fidèles la contagion du fléau, c'est-à-dire de dé-
« tourner de leurs yeux et de leurs mains les livres
« et les journaux pernicieux ; d'instruire les fidèles
« des saints préceptes de notre auguste religion ;
« de les exhorter et de les avertir de fuir ces doc-
« teurs d'iniquité comme on le fait à la rencontre
« d'un serpent.

« Portez tous vos soins et toutes vos sollicitudes
« particulières à ce que le clergé soit saintement et
« savamment instruit, et qu'il brille de toutes les
« vertus ; que la jeunesse des deux sexes soit formée
« à l'honnêteté du cœur, à la piété et à toutes les
« vertus ; que l'ordre des études soit salutaire.
« Veillez avec une extrême diligence à ce que, dans
« les lettres et dans les hautes études, rien ne se
« glisse qui soit contraire à la foi, à la religion et
« aux bonnes mœurs.

« Courage, vénérables Frères, et, dans cette
« grande perturbation des temps, ne laissez pas abat-
« tre votre constance ; mais, appuyés par le secours
« divin, prenant le bouclier inexpugnable de la jus-
« tice et de la foi, saisissant le glaive spirituel, qui
« est la parole de Dieu, ne cessez pas de vous oppo-
« ser aux efforts de tous les ennemis de l'Église
« catholique et de ce siége apostolique, de bri-

« ser leurs traits et de rompre leurs assauts.

« Et cependant, les yeux élevés jour et nuit vers
« le ciel, ne cessons pas, vénérables Frères, d'im-
« plorer dans l'humilité de notre cœur, et par nos
« plus ferventes prières, le Père des miséricordes
« et le Dieu de toute consolation qui fait luire la lu-
« mière dans les ténèbres, qui, des pierres mêmes,
« peut faire sortir des enfants d'Abraham, et de le
« conjurer par les mérites de Jésus-Christ Notre-
« Seigneur, son Fils unique, de tendre une main se-
« courable à la société chrétienne et civile ; de dis-
« siper toutes les erreurs et les impiétés ; d'éclairer
« des clartés de sa grâce les intelligences de ceux
« qui s'égarent, de les convertir et de les rappeler à
« lui ; d'assurer à sa sainte Église la paix désirée,
« afin qu'elle obtienne par toute la terre de plus
« grands accroissements et qu'elle y fleurisse et y
« prospère.

« Afin que nous puissions obtenir plus facilement
« ce que nous demandons, prenons pour média-
« trice auprès de Dieu la vierge Marie, qui, pleine
« de miséricorde et d'amour pour tous les hommes,
« a toujours anéanti toutes les hérésies, et de qui
« le patronage auprès de Dieu n'a jamais été plus
« opportun. Sollicitons aussi les suffrages, tant de
« saint Joseph, l'époux de la très-sainte Vierge, que

« des saints apôtres Pierre et Paul, de tous les ha-
« bitants des cieux, et surtout de ceux qui vien-
« nent d'être inscrits dans les fastes des saints pour
« être l'objet de notre culte et de notre vénération.

« Avant de mettre un terme à nos paroles, nous
« ne pouvons résister au désir de confirmer de nou-
« veau le témoignage de la suprême consolation
« qui nous pénètre en jouissant de votre admirable
« concours, à vous, vénérables Frères, qui, attachés
« à nous et à cette chaire de Pierre par les liens de
« la fidélité, de la piété et de la révérence, et rem-
« plissant votre ministère avec un zèle admirable,
« vous glorifiez de procurer la plus grande gloire de
« Dieu et le salut des âmes : vous qui, dans la plus
« étroite concorde de vos âmes, ne cessez pas,
« ainsi que vos vénérables Frères les évêques de
« tout l'univers catholique et les fidèles confiés à
« leurs soins, d'apporter de toute manière des sou-
« lagements et des adoucissements à nos graves
« angoisses et à nos cruelles amertumes.

« C'est pourquoi, en cette occasion, nous faisons
« profession publique, à haute voix et de toutes nos
« forces, de la reconnaissance et de l'amour que
« nous portons à vous, à ces vénérables Frères et
« à tous les fidèles ; et nous vous demandons que,
« de retour dans vos diocèses, vous veuillez, en

« notre nom, faire connaître ces sentiments aux
« fidèles confiés à vos soins et les assurer de notre
« affection paternelle, en leur conférant la bénédic-
« tion apostolique, que, du fond de notre cœur et
« avec les vœux les meilleurs de toute vraie féli-
« cité, nous sommes heureux d'accorder à vous,
« vénérables Frères, et à eux-mêmes. »

Le Saint-Père ayant achevé de parler, son Éminence le cardinal Mattei, doyen du sacré collége,
s'avança jusqu'au pied du trône pontifical, accompagné de plusieurs prélats, et, au nom de tout l'é-
piscopat présent à Rome, il lut l'adresse suivante :

« Très-Saint Père,

« Depuis que les Apôtres de Jésus-Christ, au
« jour sacré de la Pentecôte, étroitement unis à
« Pierre, chef de l'Église, reçurent le Saint-Es-
« prit, et qu'entraînés par sa divine impulsion,
« ils annoncèrent à des hommes de presque toutes
« les nations rassemblés dans la ville sainte, et
« à chacun dans sa langue, les merveilles de la
« puissance de Dieu; jamais, nous le croyons,
« jusqu'à ce jour et au retour de cette même so-
« lennité, autant de leurs héritiers ne se sont
« trouvés réunis autour du vénérable successeur de
« Pierre pour entendre sa parole, pour écouter ses

« décrets, pour fortifier son autorité. Or, de même
« que rien ne pouvait arriver de plus doux aux
« apôtres, à travers les périls de l'Église naissante,
« que d'environner le premier Vicaire de Jésus-
« Christ sur cette terre, tout récemment inspiré de
« l'esprit de Dieu ; ainsi, pour nous, au milieu des
« angoisses présentes de la sainte Église, rien n'est
« plus cher, rien n'est plus sacré que de déposer
« aux pieds de votre béatitude tout ce que nos
« cœurs contiennent de vénération et d'amour pour
« Votre Sainteté, et en même temps de déclarer
« unanimement de quelle admiration nous sommes
« pénétrés pour les hautes vertus dont brille notre
« Pontife souverain, et combien, du fond de nos
« entrailles, nous adhérons à ce que, nouveau
« Pierre, il a enseigné, à ce qu'il a si courageuse-
« ment résolu et décidé.

« Une nouvelle ardeur enflamme nos cœurs ; une
« lumière de foi plus vivifiante éclaire nos intelli-
« gences, un amour plus sacré saisit nos âmes. Nous
« sentons nos langues vibrantes de ces flammes qui
« allumaient un désir ardent pour le salut des
« hommes dans le cœur de Marie, près de laquelle
« étaient les apôtres, et qui entraînaient ces mêmes
« apôtres à proclamer les grandeurs de Dieu.

« Rendant donc de vives actions de grâces à votre

« béatitude de ce qu'elle nous a permis, en ces
« temps si difficiles, d'approcher de son trône pon-
« tifical, de vous consoler dans vos afflictions et de
« vous témoigner publiquement les sentiments qui
« inspirent nous-mêmes, notre clergé et les peuples·
« confiés à nos soins, nous vous adressons d'une
« seule voix et d'un seul cœur nos acclamations,
« nos souhaits et nos vœux de bonheur. Vivez
« longtemps, Saint-Père, et heureusement pour le
« gouvernement de l'Église catholique. Continuez,
« comme vous le faites, à la protéger par votre éner-
« gie, à la diriger par votre prudence, à l'orner par
« vos vertus. Marchez devant nous comme le bon
« Pasteur, donnez-nous l'exemple, paissez les bre-
« bis et les agneaux dans les célestes pâturages, for-
« tifiez-les par les eaux célestes de la sagesse. Car
« pour nous, vous êtes le Maître de la saine doctrine,
« vous êtes le centre de l'unité; vous êtes pour les
« peuples la lumière indéfectible préparée par la
« sagesse divine; vous êtes la pierre, vous êtes le
« fondement de l'Église elle-même, contre laquelle
« les portes de l'enfer ne prévaudront jamais. Quand
« vous parlez, c'est Pierre que nous entendons;
« quand vous décrétez, c'est à Jésus-Christ que nous
« obéissons. Nous vous admirons au milieu de tant
« d'épreuves et de tempêtes, le front serein, le

« cœur imperturbable, accomplissant votre minis-
« tère sacré, invincible et debout.

« Mais, tandis que nous avons ainsi tant de sujets
« de nous glorifier, nous ne pouvons pas nous em-
« pêcher en même temps de tourner nos regards
« vers de tristes spectacles. De toutes parts, en
« effet, se dressent devant nos esprits ces crimes
« épouvantables, qui ont dévasté misérablement
« cette belle terre d'Italie, dont vous, bienheureux
« Père, êtes l'honneur et l'appui, et qui s'efforcent
« d'ébranler et de renverser votre souveraineté et
« celle de ce saint-siége, de qui tout ce qu'il y a de
« beau dans la société civile a découlé comme de sa
« source originelle. Ni les droits permanents des
« siècles, ni la longue et pacifique possession du
« pouvoir, ni les traités sanctionnés et garantis par
« l'autorité de l'Europe entière, n'ont pu empêcher
« que tout ne fût bouleversé, au mépris de toutes
« les lois sur lesquelles jusqu'ici s'appuyaient l'exis-
« tence et la durée des États.

« Pour nous occuper de ce qui vous touche de plus
« près, vous, très-Saint Père, nous vous voyons, par
« le crime de ces usurpateurs qui ne prennent la li-
« berté que pour voile de leur malice, dépouillé
« de ces provinces qui jouissaient d'une équitable
« administration par les soins et sous les yeux de

« votre béatitude et sous la protection de la dignité
« du saint-siége et de toute l'Église. Votre Sainteté
« a résisté avec un invincible courage à ces iniques
« violences, et nous devons vous en rendre les plus
« vives actions de grâces au nom de tous les catho-
« liques.

« En effet, nous reconnaissons que la souverai-
« neté temporelle du saint-siége est une nécessité, et
« qu'elle a été établie par un dessein manifeste de la
« providence divine ; nous n'hésitons pas à déclarer
« que, dans l'état présent des choses humaines, cette
« souveraineté temporelle est absolument requise
« pour le bien de l'Église et pour le libre gouverne-
« ment des âmes. Il fallait assurément que le pontife
« romain, chef de toute l'Église, ne fût ni le sujet
« ni même l'hôte d'aucun prince ; mais qu'assis sur
« son trône et maître dans son domaine et son pro-
« pre royaume, il ne reconnût de droit que le sien
« et pût, dans une noble, paisible et douce liberté,
« protéger la foi catholique, défendre, régir et gou-
« verner toute la république chrétienne.

« Qui donc pourrait nier que, dans le conflit des
« choses, des opinions et des institutions humaines,
« il faille au centre de l'Europe un lieu sacré, placé
« entre les trois continents du vieux monde, un
« siége auguste d'où s'élève tour à tour, pour les

« peuples et pour les princes, une voix grande et
« puissante, la voix de la justice et de la liberté,
« impartiale et sans préférence, libre de toute in-
« fluence arbitraire et qui ne puisse ni être com-
« primée par la terreur ni circonvenue par les arti-
« fices?

« Comment donc, et de quelle manière aurait-il
« pu se faire que les prélats de l'Église, venant de
« tous les points de l'univers, représentant tous les
« peuples et toutes les contrées, arrivassent ici en
« sécurité pour conférer avec Votre Sainteté des
« plus graves intérêts, s'ils y eussent trouvé un
« prince quelconque dominant sur ces bords, qui
« eût en suspicion leurs propres princes ou qui eût
« été suspecté par eux, à cause de son hostilité? Il y
« a, en effet, les devoirs du chrétien, et il y a les de-
« voirs du citoyen ; devoirs qui ne sont nullement
« contraires, mais différents ; comment les évêques
« pourraient-ils les accomplir, s'il ne dominait pas
« à Rome une souveraineté temporelle, exempte
« de tout droit d'autrui et centre de la concorde
« universelle, n'aspirant à aucune ambition hu-
« maine, ne préparant rien pour la domination ter-
« restre?

« Nous sommes venus libres vers le pontife ro-
« libre, pasteurs dans les choses de l'Église, citoyens

« dévoués au bien et aux intérêts de la patrie, et ne
« manquant ni à nos devoirs de pasteurs ni à nos
« devoirs de citoyens.

  « Puisqu'il en est ainsi, qui donc oserait attaquer
« cette souveraineté si ancienne, fondée sur une
« telle autorité, sur une telle force de choses?
« Quelle autre puissance lui pourrait être compa-
« rée, si l'on considère même ce droit humain sur
« lequel reposent la sécurité des princes et la liberté
« des peuples ? Quelle puissance est aussi vénérable
« et sainte ? Quelle monarchie ou quelle république
« peut se glorifier, dans les siècles passés ou mo-
« dernes, de droits si augustes, si anciens, si invio-
« lables ? Ces droits, si une fois et pour ce saint-
« siége ils étaient méprisés et foulés aux pieds, quel
« prince serait assuré de garder son royaume, quelle
« république son territoire? Aussi, très-Saint Père,
« c'est pour la religion sans doute, mais c'est aussi
« pour la justice et pour le droit, qui sont parmi
« les nations les fondements des choses humaines,
« que vous luttez et que vous combattez.

  « Mais il ne nous appartient pas de parler plus
« longtemps de cette grave matière, nous qui avons
« écouté sur elle, non pas tant vos paroles que vos
« enseignements. Votre voix, en effet, semblable à
« la trompette sacerdotale, a proclamé dans tout

« l'univers que — c'est par un dessein particulier de
« la divine Providence, que le pontife romain, placé
« par Jésus-Christ comme le chef et le centre de
« toute son Église, a obtenu une souveraineté tem-
« porelle (1). — Nous devons tous tenir pour
« certain que cette souveraineté n'a pas été acquise
« fortuitement au saint-siége, mais qu'elle lui a été
« attribuée par une disposition spéciale de Dieu,
« par une longue série d'années, par le consente-
« ment unanime de tous les États et de tous les
« empires, et qu'elle a été fortifiée et maintenue par
« une sorte de miracle.

« Vous avez également déclaré, dans un langage
« élevé et solennel, que vous vouliez conserver
« énergiquement et garder entiers et inviolables la
« souveraineté civile de l'Église romaine, ses pos-
« sessions temporelles et ses droits, qui appartien-
« nent à l'univers catholique ; que la souveraineté
« du saint-siége et du patrimoine de saint Pierre
« regarde tous les catholiques ; que vous êtes prêt
« à sacrifier votre vie plutôt que d'abandonner en
« quoi que ce soit cette cause de Dieu, de l'Église
« et de la justice (2). Applaudissant par nos accla-

____

(1) Lettre ap. du 26 mai 1860 ; Allocution du 20 juin 1859 ;
Encyclique du 9 juin 1860 ; Allocution du 17 décembre 1860.
(2) Lettre encyclique du 19 janvier 1860.

« mations à ces magnifiques paroles, nous répon-
« dons que nous sommes prêts à aller avec vous à
« la prison et à la mort ; nous vous supplions hum-
« blement de demeurer inébranlable en ce ferme
« dessein et en cette constance, donnant aux anges
« et aux hommes le spectacle d'une âme invincible
« et d'un courage souverain. C'est ce que vous de-
« mande l'Église de Jésus-Christ, pour l'heureux
« gouvernement de laquelle la souveraineté tempo-
« relle a été providentiellement attribuée aux pon-
« tifes romains, et qui a tellement senti que la pro-
« tection de cette souveraineté était son affaire,
« qu'autrefois, durant la vacance du siége apostoli-
« que et au milieu des plus redoutables extrémités,
« tous les pères du concile de Constance ont voulu
« administrer eux-mêmes en commun les posses-
« sions temporelles de l'Église romaine, ainsi que
« les documents publics en font foi. C'est ce que
« vous demandent les chrétiens fidèles dispersés
« dans toutes les contrées du globe, qui se félicitent
« de nous avoir vus venir librement à vous et libre-
« ment vaquer aux intérêts de leurs consciences ;
« c'est ce que vous demande enfin la société civile,
« qui sent que la subversion de votre gouvernement
« ébranlerait ses propres fondements.

« Quoi de plus? Vous avez condamné par un

« juste jugement ces hommes coupables qui ont en-
« vahi les biens ecclésiastiques, et vous avez pro-
« clamé — nul et de nul effet, — tout ce qu'ils ont
« accompli (1); vous avez décrété que tous les
« actes tentés par eux étaient — illégitimes et sacri-
« léges (2); — vous avez décrété avec raison et à bon
« droit, — que les auteurs de ces forfaits étaient pas-
« sibles des peines et censures ecclésiastiques (3).

« Ces graves paroles de votre bouche, ces actes
« admirables, nous devons les accueillir avec res-
« pect et y renouveler notre plein assentiment. En
« effet, de même que le corps souffre toujours
« avec la tête, à laquelle il est uni par le lien des
« membres et par une même vie; de même il
« est nécessaire que nous soyons en parfaite sym-
« pathie avec vous. Nous sommes tellement joints
« à vous dans votre désolante affliction, que tout ce
« que vous souffrez, nous le souffrons également par
« l'accord de notre amour. Nous supplions Dieu
« qu'il mette fin à des perturbations si injustes, et
« qu'il rende à sa liberté et à sa gloire première
« l'Église, épouse de son Fils, si misérablement dé-
« pouillée et opprimée.

(1) Allocution du 26 septembre 1859.
(2) Allocution du 20 juin 1859.
(3) Lettres apostoliques du 26 mars 1860.

« Mais nous ne nous étonnons pas que les droits
« du saint-siége soient si ardemment et si im-
« placablement attaqués. Il y a déjà plusieurs an-
« nées que la folie de certains hommes en est arri-
« vée à ce point, non-seulement de s'efforcer de
« rejeter toutes les doctrines de l'Église ou de les
« révoquer en doute, mais de se proposer de ren-
« verser de fond en comble la vérité chrétienne et
« la république chrétienne. De là ces tentatives im-
« pies d'une vaine science et d'une fausse érudition
« contre les doctrines de nos saintes lettres et leur
« inspiration divine; de là ce soin perfide d'arra-
« cher la jeunesse à la tutelle maternelle de l'Église,
« pour la pénétrer des erreurs du siècle, souvent
« même en la soustrayant à toute éducation reli-
« gieuse; de là ces nouvelles et pernicieuses théo-
« ries sur l'ordre social, politique et religieux, qui
« se répandent partout; de là cette habitude trop
« familière à plusieurs dans ces contrées de mépriser
« l'autorité de l'Église, d'usurper ses droits, de mé-
« connaître ses préceptes, d'insulter ses ministres,
« de faire dérision de son culte, d'avoir en honneur
« et d'exalter tous les hommes, surtout les ecclé-
« siastiques qui s'écartent misérablement de la reli-
« gion chrétienne et marchent dans la voie de la
« perdition. Les vénérables prélats et les prêtres du

« Seigneur sont dépossédés de leur pouvoir, con-
« traints à l'exil ou jetés dans les fers ; ils sont traî-
« nés devant les tribunaux civils avec affront, pour
« être demeurés fidèles à leur saint ministère. Les
« épouses du Christ gémissent chassées de leurs
« asiles, consumées de détresse, ou prêtes à mou-
« rir de misère ; les religieux sont forcés à rentrer
« dans le monde malgré eux ; des mains violentes
« s'étendent sur le patrimoine sacré de l'Église ; par
« des livres détestables, par les journaux, par les
« images, une guerre terrible et continuelle est dé-
« clarée à la fois aux mœurs, à la vérité, à la pu-
« deur même.

« Ceux qui se livrent à de telles agressions sa-
« vent parfaitement que c'est dans le saint-siége,
« comme dans une forteresse inexpugnable, que ré-
« sident la force et la vertu de toute justice et de
« toute vérité, et que les efforts de l'ennemi se bri-
« sent contre cette citadelle ; que le saint-siége est
« une vigie du haut de laquelle les yeux clairvoyants
« du gardien suprême aperçoivent de loin les em-
« bûches préparées et les annoncent à ses compa-
« gnons. De là cette haine implacable, de là
« cette envie inguérissable, de là ce zèle pas-
« sionné des hommes pervers qui voudraient répri-
« mer l'Église romaine et le saint-siége aposto-

« lique et les détruire, s'il était jamais possible.

« A cette vue, bienheureux Père, ou seulement
« à ces récits, qui ne laisserait couler des larmes ?
« Saisis donc d'une juste douleur, nous levons les
« yeux et les mains au ciel, implorant de toutes les
« forces de notre âme l'Esprit divin, afin que lui,
« qui en ce jour a fortifié et sanctifié sous l'autorité
« de Pierre l'Église naissante, la protége, l'étende,
« la glorifie aujourd'hui sous votre houlette et sous
« votre sceptre. Qu'elle soit témoin des vœux que
« nous formons, Marie solennellement saluée par
« vous du titre d'Immaculée ! qu'elles en soient té-
« moins, ces cendres sacrées des saints patrons de
« l'Église romaine, Pierre et Paul, ainsi que les re-
« liques vénérables de tant de pontifes, de martyrs
« et de confesseurs, qui rendent sainte et sacrée
« la terre même que nous foulons ! qu'ils en soient
« particulièrement témoins, ces bienheureux qu'au-
« jourd'hui un suprême décret de vous a inscrits
« dans l'ordre des saints : ils doivent prendre à un
« titre nouveau la protection de l'Église, et ils offri-
« ront pour vous, du haut de leurs autels, au Dieu
« tout-puissant leurs premières prières.

« En leur présence donc, nous, évêques, afin que
« l'impiété ne feigne pas d'en ignorer ni ose le
« nier, nous condamnons les erreurs que vous avez

« condamnées, nous rejetons et détestons les doc-
« trines nouvelles et étrangères qui se propagent
« partout au détriment de l'Église de Jésus-Christ ;
« nous condamnons et réprouvons les sacriléges,
« les rapines, les violations de l'immunité ecclésias-
« tique et les autres forfaits commis contre l'É-
« glise et le siége de Pierre.

« Cette protestation, dont nous demandons l'in-
« scription dans les fastes publics de l'Église, nous
« la proférons en toute sincérité au nom de nos frè-
« res qui sont absents ; soit de ceux qui, au milieu
« de tant d'angoisses, retenus par la force dans leurs
« maisons, pleurent aujourd'hui et se taisent ; soit
« de ceux qui, empêchés par de graves affaires ou
« par leur mauvaise santé, n'ont pu se joindre à
« nous aujourd'hui. Nous ajoutons à nous notre
« clergé et le peuple fidèle, qui, animés comme
« nous d'une pieuse vénération et d'un profond
« amour, ont prouvé leur affection pour vous, tant
« par leurs prières assidues et sans relâche que par
« les offrandes du denier de saint Pierre, multi-
« pliées avec une généreuse largesse, sachant bien
« que leurs sacrifices doivent procurer à la fois et
« le soulagement des besoins du Pasteur suprême
« et la garde de sa liberté.

« Plût à Dieu que tous les peuples s'entendissent

« pour mettre en sécurité cette cause sacrée de l'u-
« nivers chrétien et de l'ordre social !

« Plût à Dieu que tous les rois et les puissants du
« siècle comprissent que la cause du Pontife est la
« cause de tous les princes et de tous les États !
« Plût à Dieu qu'ils vissent où tendent les criminels
« efforts de ses adversaires, et qu'enfin ils prissent
« des résolutions décisives !

« Plût à Dieu que vinssent à résipiscence ces
« quelques malheureux ecclésiastiques et religieux
« qui, oubliant leur vocation, refusant l'obéissance
« due aux supérieurs et usurpant témérairement
« l'autorité de l'Église, courent à leur perte !

« Voilà ce que, pleurant avec vous très-Saint-
« Père, nous sollicitons ardemment du Seigneur,
« pendant que, prosternés à vos pieds, nous deman-
« dons de vous cette force céleste que donne votre
« bénédiction apostolique et paternelle. Qu'elle soit
« abondante, qu'elle sorte largement du fond même
« de votre cœur, afin que non-seulement elle s'é-
« tende sur nous, mais qu'elle découle sur nos
« frères bien-aimés qui sont absents et sur les
« fidèles qui nous sont confiés ! Qu'elle soit pour
« nos douleurs et celles du monde un adoucisse-
« ment et un soulagement, qu'elle relève notre fai-
« blesse, qu'elle féconde nos travaux et nos œuvres

« et qu'enfin elle amène promptement à la sainte
« Église de Dieu des temps plus heureux. »

Rome, le huit juin de l'an du Seigneur mil huit cent
soixante-deux.

Cette adresse admirable était signée par les trois
cents prélats qui se trouvaient présents dans le consistoire et dont nous avons dressé la liste dans le
chapitre suivant. Lorsque son Éminence le cardinal
Mattei fut revenu à sa place, un des évêques orientaux s'approchant à son tour du trône pontifical
voulut aussi présenter à Sa Sainteté le respectueux
hommage des évêques *grecs réunis.*

Si à cet hommage unanime de tout l'épiscopat
réuni autour de Pie IX, nous joignons celui des
évêques d'Italie gémissant de la dure captivité qui
leur a fermé les chemins de la ville éternelle et celui
de tous les autres évêques de l'univers catholique,
à l'exception toutefois du Portugal, ne sommes-
nous pas forcés de nous écrier : Qu'il est grand !
qu'il est glorieux le successeur de Pierre ! lui que
les méchants ont voulu dépouiller de sa majesté !
Quelle divine sagesse dans celui dont ils ont osé
dans leur aveugle folie improuver les décrets et les
paroles ! Ils ont cru pouvoir dans leur fureur impie
faire tomber sous le ridicule celui qui, abandonné

de tout secours humain contre leurs sarcasmes, n'avait à leur opposer que la majesté de son divin caractère ; aujourd'hui ce sont eux qui sont confondus.

Il a demandé à Dieu, dans son ardente prière, de faire éclater la force de son bras, reconnaissant humblement à ses pieds qu'il ne pouvait rien par lui-même, et le Seigneur l'a vengé ; les enfants dénaturés qui ne craignaient pas d'insulter leur Père sont obligés d'aller cacher leur honte, ou s'ils osent encore parler, on ne les écoute plus ; il n'y a plus d'admiration que pour l'auguste vieillard, le véritable Père des rois et des peuples.

Les évêques se sont tous réunis dans une unité de sentiments et de vues autour de celui auquel Notre-Seigneur a dit : « Pierre, j'ai prié pour toi pour que ta foi ne défaille pas, et toi, quand il le faudra, confirme tes frères dans la foi : » *Ego autem rogavi pro te ut non deficiat fides tua, et tu, aliquando conversus, confirma fratres tuos.* (Saint Luc, ch. XXII, ꙮ. 32.)

Ce n'est donc pas seulement le Pape, ce qui pourtant aurait pu suffire, mais l'Église tout entière qui défend le pouvoir temporel de son chef ; ce sont tous les évêques, c'est toute l'Église représentée par les premiers Pasteurs des peuples. Quel espoir peut-il rester maintenant aux ennemis de la puissance temporelle du Pape, de voir l'Église faire scission avec son chef et répudier jamais par un acte de faiblesse des droits attestés et proclamés par une si grande assemblée d'évêques de tous les pays du monde réunis autour du souverain Pontife ?

Le même jour le Pape donna un dîner à tous les évêques dans la bibliothèque du Vatican ; c'était vers deux heures de l'après-midi, trois cents couverts étaient rangés sur une table décrivant un immense fer à cheval. Les évêques qui ont daigné nous donner quelques renseignements à ce sujet ont excité notre étonnement en nous disant que le repas n'avait pas duré plus d'une heure et demie et que le service avait été fait avec une merveilleuse précision. Bien que les illustres convives étaient à même de contempler les objets de curiosité les plus rares, des présents donnés au Saint-Père par tous les potentats et les princes de la terre, ils n'eurent pour ainsi dire devant les yeux que le Pape ; c'était toujours lui l'objet de leur attention.

Après la bénédiction de la table, récitée par le Saint-Père, chacun s'est assis à la place qui lui avait été assignée à l'avance; Pie IX, selon la coutume, était seul assis à sa table frugale. On eût dit Salomon au milieu des princes de sa cour, ou plutôt Notre-Seigneur au milieu des apôtres. Il était près de quatre heures quand le repas fut achevé. Le Saint-Père, après avoir récité l'hymne d'action de grâces, emmena sa nombreuse et splendide famille dans les jardins du Vatican.

Après avoir répondu, toujours avec les à-propos les plus aimables et les plus spirituels à tous les discours que lui adressaient à l'envi les prélats qui l'entouraient, Sa Sainteté est allée s'asseoir sous un pavillon. C'est à ce moment que tous les cardinaux, patriarches, évêques, animés d'un même amour pour le Saint-Père, se sont mis à l'entourer de plus près ; les uns lui embrassaient les mains, d'autres les vêtements, d'autres les pieds. Le Saint-Père attendri jusqu'aux larmes leur dit en se levant et en souriant d'une manière ineffable. « Mes chers amis, laissez-moi du moins ou mes pieds ou mes mains ; il faut bien qu'il me reste quelque chose. »

Dans la ville, la journée rappelait la grande fête de la veille ; nous nous préparions à aller voir le soir les illuminations de Saint-Pierre, nous nous y rendîmes malgré le mauvais temps ; à notre arrivée, vers la neuvième heure, il n'y avait encore que quelques feux qui brillaient sur l'édifice. L'illumination semblait être manquée, quand tout à coup,

en moins d'une minute, et comme par enchantement, la façade, le dôme, la colonnade, tout s'en-
flamma ; l'illumination apparut splendide ; Saint-
Pierre était admirable à voir.

XV

LISTE DES ÉVÊQUES QUI ONT SIGNÉ L'ADRESSE.

Après avoir mis sous les yeux de nos lecteurs l'adresse des évêques en réponse à l'allocution du Saint-Père, n'est-il pas à propos de leur présenter aussi la liste de tous les prélats qui ont signé cette pièce mémorable? Cette liste d'ailleurs pourra servir d'objet de renseignement à tous ceux qui dans la suite voudront se rendre compte des évêques qui en 1862 ont pris part à la grande cérémonie de la canonisation des martyrs japonais.

La voilà telle qu'elle a été copiée sur les journaux qui l'ont fait paraître.

Marius, card. Mattei, évêque d'Ostie et de Velletri.

Constantinus, card. Patrizi, évêque de Porto et Sainte-Rufine.

Aloisius, card. Amat, évêque de Préneste.

Antonius Maria, card. Cagiano de Azevedo, évêque de Tusculum.

Hieronymus, card. d'Andrea, évêque de Sabine.

Ludovicus, card. ALTIERI, évêque d'Albano.

Engelbertus, card. STERCKX, archevêque de Malines.

Ludovicus Jacobus Mauritius, card. DE BONALD, archevêque de Lyon.

Fridericus Joannes Joseph, card. SCHWARZENBERG, archevêque de Prague.

Dominicus, card. CARAFA DE TRAETTO, archevêque de Bénévent. .

Xystus, card. RIARIO SFORZA, archevêque de Naples.

Jacobus Maria Ant. Cæsar, card. MATTHIEU, archevêque de Besançon.

Thomas, card. GOUSSET, archevêque de Reims.

Nicolaus, card. WISEMAN, archevêque de Westminster.

Franciscus Augustus, card. DONNET, archevêque de Bordeaux.

Joannes, card. SCYTOWSKI, archevêque de Strigonie (Gran).

Franciscus Nicolaus Magdalena, card. MORLOT, archevêque de Paris.

Joseph Maria, card. MILESI, abbé commend. et ordinaire des Trois-Fontaines.

Michael, card. GARCIA CUESTA, archevêque de Compostelle.

Cajetanus, card. BEDINI, évêque de Viterbe et Toscanella.

Ferdinandus, card. DE LA PUENTE, archevêque de Burgos.

Melchiades FERLISI, patriarche de Constantinople.

Carolus BELGRADO, patriarche d'Antioche.

Joseph TREVISANATO, patriarche de Venise.

Thomas IGLESIAS Y BARCONES, patriarche des Indes occidentales (Espagne).

Antonius HASSOUN, primat de Constantinople, du rite arménien.

Aloisius Maria CARDELLI, archevêque d'Acrida (en Macédoine, *in partibus*).

Stephanus MISSIR, archevêque d'Hiéranapolis, du rite grec (Irenopoli, *in partibus*).

Laurentius Trioche, archevêque de Babylone, du rite latin.

Tobias Aun, archevêque de Béryte des Maronites (Beyrouth).

Emmanuel Marongiu Nurra, archevêque de Cagliari.

Joannes Joseph Maria de Jerphanion, archevêque d'Alby.

Joannes Franc. Cometti, archevêque de Nicomédie.

Mellonus de Jolly, archevêque de Sens.

Leo Przyluski, archevêque de Gnesen et Posen.

Alexander Asinari de Sanmarzano, archevêque d'Éphèse.

Edoardus Hurmuz, archevêque de Sirac, du rite arménien.

Raphael d'Ambrosio, archevêque de Dyrrachium (Durazzo).

Joseph Maria Debelay, archevêque d'Avignon.

Paulus Cullen, archevêque de Dublin.

Thomas Ludovicus Connolly, archevêque d'Halifax.

Joannes Baptista Purcell, archevêque de Cincinnati.

Joannes Hughes, archevêque de New-York.

Renatus Franciscus Regnier, archevêque de Cambrai.

Maximilianus de Tarnoczy, archevêque de Salzbourg.

Antonius Ligi Bussi, archevêque d'Iconium.

Aloisius Clementi, archevêque de Damas.

Silvester Guevara, archevêque de Venezuela.

Joannes Zwysen, archevêque d'Utrecht.

Fridericus de Furstenberg, archevêque d'Olmutz.

Paulus Brunoni, archevêque de Taron (*in partibus*), vicaire
   apostolique, patriarche pour les Latins à Constantinople.

Athanasius Sabugh, archevêque de Tyr (Melchite).

Andreas Bizzarri, archevêque de Philippes (*in partibus*).

Franciscus Xav. Apuzzo, archevêque de Sorrente.

Andreas Gollmayr, archevêque de Goritz et de Gradisca.

Vincentius Tizzani, archevêque de Nisibe.

Petrus Villanova Castellacci, archevêque de Petra.

Vincentius Spaccapietra, archevêque de Smyrne.

Michael Alexandriorum, archevêque de Jérusalem, rite arménien.

Marianus Ricciardi, archevêque de Reggio (en Calabre).

Salvator Nobili Vitelleschi, archevêque de Séleucie.

Alexander Franchi, archevêque de Thessalonique (Salonique).

Gregorius Scherr, archevêque de Munich et Frisingue.

Georgius Claudius Ludovicus Pius Chalandon, archevêque d'Aix.

Joseph Dominicus Costa y Borras, archevêque de Tarragone.

Ludovicus de la Lastra y Cuesta, archevêque de Valladolid.

Gustavus d'Hohenlohe, archevêque d'Édesse.

Cajetanus Pace Forno, archevêque de Rhodes, évêque de Malte.

Philippus Gallo, archevêque de Patras.

Petrus Giannelli, archevêque de Sardes.

Emmanuel Cargia Gil, archevêque de Sarragosse.

Goffredus Brossais Saint-Marc, archevêque de Rennes.

Julianus Florianus Desprez, archevêque de Toulouse.

Spiridion Maddalena, archevêque de Corcyre (Corfou).

Marianus Barrio y Fernandez, archevêque de Valence (en Espagne).

Franciscus Augustus Dalamare, archevêque d'Auch.

Carolus de la Tour-d'Auvergne-Lauraguais, archevêque de Bourges.

Meletios, archevêque de Dramas, rite grec.

Petrus Dominicus Maupas, archevêque de Zara.

Ignatius Giustiniani, évêque de Scio.

Raphael Sanctes Casanelli, évêque d'Ajaccio.

Ludovicus Carolus Féron, évêque de Clermont.

Guillelmus Sillani, ancien évêque de Terracine.

Nicolaus Joseph Dehesselle, évêque de Namur.

Ignatius Bourget, évêque de Marianopolis (Saut-Sainte-Marie).

Jacobus Gillis, évêque de Lymira (vicaire apostolique à Édimbourg).

Fredéricus Gabriel DE MARGUERYE, évêque d'Autun.

Joseph MONTIERI, évêque de Ponte-Corvo.

Ludovicus Joseph DELEBECQUE, évêque de Gand.

Ludovicus BESI, évêque de Canope.

Georgius Antonius STAHL, évêque de Wurzbourg.

Thomas Joseph BROWN, évêque de Newport.

Carolus GIGLI, évêque de Tivoli.

Franciscus Maria VIBERT, évêque de Maurienne.

Joannes Amatus DE VESINS, évêque d'Agen.

Joannes TOPICH, évêque de Philippopoli.

Nicolaus CRISPIGNI, évêque de Mandela (Poggio Mirteto).

Andreas RŒSS, évêque de Strasbourg.

Nicolaus WEISS, évêque de Spire.

Joseph Armandus GIGNOUX, évêque de Beauvais, Noyon et
Senlis.

Joannes Baptista Leonardus BERTEAUD, évêque de Tulle.

Joannes Jacobus David BARDOU, évêque de Cahors.

Guillelmus ARNOLDI, évêque de Trèves.

Joannes Franciscus WEHLAND, évêque de la Nouvelle-Orléans.

Paulus Georgius DUPONT DES LOGES, évêque de Metz.

Joannes Bernadus FITZ-PATRICK, évêque de Boston.

Joannes MAC-CLOSKEY, évêque d'Albany.

Petrus SEVERINI, évêque de Sappa, en Albanie.

Joannes Martinus HENNY, évêque de Milwaukie.

Joannes Baptista ROSANI, évêque Ærythrée.

Joannes DONEY, évêque de Mautauban.

Petrus Joseph DE PREUX, évêque de Sion.

Gaspard BAROWSKI, évêque de Zytomir.

Carolus MAC-NALLY, évêque de Clogher.

Bernardus Maria TIRABASSI, évêque de Ferentino.

Urbanus BOGDANOVICH, évêque d'Europo (*in partibus*).

Jacobus Maria Joseph BAILLÈS, ancien évêque de Luçon.

Joannes Baptista PELLEI, évêque d'Acquapendente.

Stephanus **Marilley**, évêque de Lausanne et Genève.

Theodorus Augustinus **Forcade**, évêque de Nevers.

Ludovicus Antonius August. **l'Avy**, évêque d'Alger.

Antonius Martinus **Slomschek**, évêque de Lavant.

Guillelmus Bernadus **Ullathorne**, évêque de Birmingham.

Aloisius **Ricci**, évêque de Segni.

Joseph August. Victor. **de Morlhon**, évêque du Puy.

Joannes **Timon**, évêque de Buffalo.

Amadeus **Rappe**, évêque de Cleveland.

Guillelmus **Keane**, évêque de Cloyne.

Joseph Maria Benedictus **Serra**, évêque de Daulo.

Paulus **Dodmassei**, évêque d'Alexia (Alessio, en Albanie).

Angelus **Parsi**, évêque de Nicopoli.

Joannes Georgius **Muller**, évêque de Munster.

Camillus **Bisleti**, évêque de Corneto et de Civita-Vecchia.

Joannes Thomas **Mullock**, évêque de Saint-Jean de Terre-
  Neuve.

Dominicus **Canubio y Alberto**, évêque de Ségorbe.

Joannes Antonius **Balma**, évêque de Ptolémaïde (Saint-Jean
  d'Acre), *in partibus*.

Aloisius **Kobès**, évêque de Métone, *in partibus*, vicaire apostolique de la Guinée.

Julianus Maria **Meirieu**, évêque de Digne.

Joannes Anton. Maria **Foulquier**, évêque de Mende.

Franciscus **Kelly**, évêque de Titopoli.

Antonius Felix **Dupanloup**, évêque d'Orléans.

Joannes Antonius **Baudri**, évêque d'Aréthuse, *in partibus*,
  suffragant de l'archevêque de Cologne.

Joannes **Ranolder**, évêque de Vestprim (Hongrie).

Petrus Simon Ludov. **de Dreux-Brézé**, évêque de Moulins.

Joseph **Arachial**, évêque de Trébizonde, rite arménien.

Franciscus **Petagna**, évêque de Castellamare.

Guillelmus **de Ketteler**, évêque de Mayence.

Antonius Carolus Cousseau, évêque d'Angoulême.

Clemens Munguia, évêque de Mechoacan.

Carolus Franciscus Baillargeon, évêque de Tloa, *in partibus*.

Guillelmus Turner, évêque de Salford.

Matthias Augustinus Mencacci, évêque de Civita-Castellana.

Joannes Petrus Mabile, évêque de Versailles.

Thomas Grant, évêque de Southwark.

Caietanus Brinciotti, évêque de Bagnorea.

Joannes Bapt. Paulus Maria Lyonnet, évêque de Valence (en France).

Ignatius Feirgelle, évêque de Saint-Hippolyte (Saint-Pœlten)

Ludovicus Raynald, évêque de Transylvanie.

Joannes Jacobus Antonius Guerrin, évêque de Langres.

Ludovicus Eugenius Regnault, évêque de Chartres.

Joseph Lavocque, évêque de Saint-Hycinthe.

Joseph Cardoni, évêque de Carista.

Gesualdus Vitali, évêque d'Agathopolis, *in partibus*, suffragant de Velletri.

Laurentius Biancheri, évêque de Legione, *in partibus*.

Aloisius Filippi, évêque d'Aquila.

Joseph Maria Ginoulhiac, évêque de Grenoble.

Franciscus Joseph Rudiger, évêque de Linz.

Joseph Caixal y Estrade, évêque d'Urgel.

Joannes Kilduff, évêque d'Ardagh.

Joannes Loughlin, évêque de Brooklyn.

Joannes Franciscus a Paula Verea, évêque de Linarès (Mexique).

Jacobus Roosevell-Beyley, évêque de Newark.

Petrus Espinosa, évêque de Guadalaxara.

Aloisius Ciurcia, évêque de Scodra (Scutari).

Ottccarus de Attems, évêque de Seckau.

N colaus Bedini, évêque de Terracine.

Ludovicus Maria Jpseph Caverot, évêque de Saint-Dié.

Hieronymus Fernandez, évêque de Palencia.

David Moriarty, évêque de Kerry.

Benedictus Riccabona, évêque de Trente.

Olympus Philip. Gerbet, évêque de Perpignan.

Aloisius Jona, évêque de Montefiascone.

Petrus Barajas, évêque de Saint-Louis du Potosi.

David Bacon, évêque de Portland.

Franciscus Alexander Roullet de la Bouillerie, évêque de Carcassonne.

Joannes Joseph Vitezich, évêque de Veglietz.

Cajetanus Rodilossi, évêque d'Alatri.

Nicolaus Renatus Sergent, évêque de Quimper.

Pelagius Antonius Lavastida, évêque de Tlascala.

Guillelmus Vaughan, évêque de Plymouth.

Laurentius Signani, évêque de Sutri et Nepi.

Nicolaus Pace, évêque d'Amélia.

Claudius Henricus Plantier, évêque de Nîmes.

Jacobus Duggan, évêque de Chicago.

Clemens Smith, évêque de Dubuque.

Andreas Casasola, évêque de Concordia (États vénitiens).

Antonius Joseph Jordany, évêque de Fréjus et Toulon.

Laurentius Gilooly, évêque d'Elphin.

Daniel Mac-Gettingan, évêque de Raphoë.

Joannes Dolton, évêque de Port-Grace (Harbour-Grace, Terre-Neuve).

Joannes, Farrell, évêque d'Hamilton.

Stephanus Semaria, évêque d'Olympe *in partibus,* vicaire apostolique de Jafnapatam.

Carolus Nicolaus Didiot, évêque de Bayeux.

Conradus Martin, évêque de Paderborn.

Joannes Honoratus Bara, évêque de Châlons.

Joseph Wiber, évêque de Halia *in partibus,* suffragant de l'archevêché de Strigonie (Gran).

Laurentius Bergeretti, évêque de Santorin.

Michael Marszewski, évêque de Wladislav.

Vincentius Gadsser, évêque de Brixen (Bressano).

Franciscus Marinelli, évêque de Porphyre.

Fortunatus Maurizi, évêque de Veroli.

Fridericus Jacobus Wood, évêque de Philadelphie.

Joannes Mac-Eviley, évêque de Galway.

Thomas Furlong, évêque de Fernes.

Guillelmus Joseph Clifford, évêque de Galway.

Petrus Henricus Géraud de Langalerie, évêque de Belley.

Ludovicus Delcusy, évêque de Viviers.

Joannes Simor, évêque de Giavarino.

Joannes Bapt. Scandella, évêque d'Antinoé, vicaire apostolique
 de Gibraltar.

Paulus Melchers, évêque d'Osnabruck.

Petrus Antonius de Pompignac, évêque de Saint-Flour.

Anastasius Rodrigus Yusto, évêque de Salamanque.

Joannes Ignatius Moreno, évêque d'Oviedo.

Antonius Dominguez y Valdecagnas, évêque de Cadix.

Michael O Hea, évêque de Ross.

Bernadus Gonde y Corral, évêque de Plasencia.

Franciscus a Paula Benavidès, évêque de Siguenza.

Ferdinandus Blanco, évêque d'Avila.

Joannes Joseph Castaner y Rivas, évêque de Vich.

Cosmas Marrodany Rubio, évêque de Tarragone.

Mattheus Jaume y Garun, évêque de Minorque.

Petrus Lucas Asensio, évêque de Jaca.

Joseph Maria Papardo, évêque de Sinope.

Clemens Pagliari, évêque d'Anagni.

Franciscus Mac-Farland, évêque d'Hartford.

Franciscus Lacroix, évêque de Bayonne.

Ignatius Senestrey, évêque de Ratisbonne.

Joannes Sebast. Devoucoux, évêque d'Evreux.

Edoardus HORAN, évêque de Kingston.

Franciscus Kerril AMEHRST, évêque de Northampton.

Paschalis VUIHIC, évêque d'Antiphelle, vicaire apostolique en Égypte.

Andreas ROSALÈS Y MUNOZ, évêque de Jaen.

Michael PAVA Y RICO, évêque de Cuença.-

Petrus CUBERO Y LOPEZ DE PADILLA, évêque d'Orihuela.

Joannes Antonius Augustus BELAVAL, évêque de Pamiers.

Valentinus WIERY, évêque de Gurk.

Antonius HALAGI, évêque d'Artuin, rite arménien.

Joannes Joseph LYNK, évêque de Toronto.

Joseph Lopez CRESPO, évêque de Santander.

Ludovicus Maria Oliverius EPIVENT, évêque d'Aire.

Petrus Jeremias Michael Angelus CELESIA, évêque de Patti.

Alexander Paulus SPOGLIA, évêque de Ripatransone.

Joannes MONETTI, évêque de Cervia.

Petrus MAC-INTYRE, évêque de Charleston.

Michael DOMENEC, évêque de Pittsburg.

Alexander BONNAZ, évêque de Csanad et Temeswar.

Darius BUCCIARELLI, évêque de Pulati (Turquie).

Gherardus Petrus WILMER, évêque d'Harlem.

Georgius BUTLER, évêque de Sidonie, *in partibus.*

Patricius Franciscus CRUICE, évêque de Marseille.

Joseph Maria COVARUBIAS, évêque d'Antequera.

Robertus CORNTHWAITE, évêque de Beverley.

Aloisius DI CANOSSA, évêque de Vérone.

Laurentius STUDACH, évêque d'Orthosie, vicaire apostolique de Suède et Norvége.

Joseph BERARDI, archevêque élu de Nicée.

XVI

DERNIERS JOURS PASSÉS A ROME.

La pensée de notre prochain départ nous préoccupait et ne laissait pas que de nous causer quelques regrets ; il y a tant de liens mystérieux qui viennent attacher le cœur à cette terre célèbre et sacrée ! Et, que de merveilles nous n'avions pu encore admirer ! que de sanctuaires dans lesquels notre dévotion demandait à aller se satisfaire ! Mais ces sanctuaires étaient envahis par le grand nombre des prêtres étrangers, et il n'était pas facile d'y avoir son tour pour offrir le divin sacrifice. Ce ne fut que par une heureuse fortune qu'il nous fut donné de pouvoir célébrer la messe au collége romain, dans la chambre de saint Louis de Gonzague.

Les quelques jours de cette dernière semaine ne pouvaient donc manquer que d'être bien employés : ils nous servirent à aller visiter d'abord les catacombes que nous avions un grand désir de voir pour les comparer à celles de Paris.

Les catacombes de Rome intéressent au plus haut degré les enfants de la foi. Oh ! qui n'aimerait à pouvoir visiter à loisir et à plusieurs reprises ces galeries mystérieuses où tout respire, pour ainsi dire, une odeur de sainteté et d'immortalité ! Il y a plusieurs catacombes à Rome, celles de Saint-Calixte ou de Saint-Sébastien auxquelles on donne aussi le nom de Sainte-Cécile, parce que celle-ci y fit faire un mausolée à Valérien, son époux ; celles de Saint-Alexandre, de Saint-Cyriaque, de Saint-Pancrace, etc.

Notre étoile nous conduisit dans celles de Saint-Calixte ; ce sont, du reste, les plus étendues et les plus intéressantes. On y entre par une ouverture pratiquée dans le cimetière qui touche à la basilique de Saint-Sébastien et aussi par l'intérieur de cette église.

. Pour donner une idée de ces catacombes, ce sont des corridors souvent assez étroits et élevés qui se prolongent sous toute la campagne de Rome. Elles sont incomparablement les plus grandes qu'il y ait au monde, leur étendue au delà de la ville est de plusieurs lieues. On rapporte qu'une société de treize à quatorze Allemands qui s'était aventurée sans guide, il y a quelques années, dans ce dédale inextricable, disparut pour ne plus reparaître. Le terrain sur lequel on marche est irrégulier; on monte et on descend à chaque instant. De chaque côté les parois des murs, qui sont noires et humides, sont creusées et présentent des niches horizontales superposées sur trois ou quatre rangs depuis le sol; ces niches contenaient les cercueils où reposaient les corps des martyrs et des autres chrétiens (1). On y voit encore quelques sarcophages et des débris humains qui tombent en poussière, puis des autels de pierre où s'offrait le saint sacrifice et des inscriptions tumulaires fort intéressantes. Vous retrouvez dans cette Rome inférieure tous les témoignages vivants de la foi catholique; c'est dans ces cités souterraines que nos pères dans la foi, pendant trois siècles entiers, se renfermaient quand les persécutions sanglantes les forçaient de se soustraire à la lumière du jour; alors des milliers de lampes

____

(1) Ces catacombes sont des excavations d'où l'on tirait anciennement du sable pour la construction des édifices. Comme ce sable avait, en latin, le nom d'arena, on donnait celui d'arenaria à ces excavations. Les chrétiens les agrandirent, et, dans le temps de leurs persécutions, ils s'y retiraient pour suivre les exercices de la religion, et y ensevelissaient leurs morts. Les catacombes de Saint-Calixte sont les plus vastes qui existent. Les auteurs ecclésiastiques disent que quatorze papes et à peu près cent soixante-dix mille chrétiens y ont été enterrés.

étaient suspendues aux voûtes et éclairaient perpétuellement ces sombres demeures ; et pendant qu'ils entendaient au-dessus de leur tête le roulement des chars et le bruit des fêtes licencieuses de leurs persécuteurs, ils se nourrissaient du pain des larmes ; et ces anges de la terre faisaient monter vers le ciel leurs ardentes prières pour le salut du monde. Voilà à quel prix la foi s'est établie et règne aujourd'hui dans nos âmes.

Indépendamment des routes principales qui avaient été creusées par l'État, les chrétiens pratiquèrent beaucoup de routes secrètes fort étroites et irrégulières où ils pouvaient plus facilement se soustraire aux poursuites de leurs bourreaux, parce que eux seuls les connaissaient.

Les catacombes de Naples sont, dit-on, plus larges ; quant à celles de Paris que j'ai vues plusieurs fois, elles diffèrent assez de celles de Rome (1).

(1) Quand vous descendez, pour voir les catacombes de Paris, par la porte qui se trouve auprès de l'ancienne barrière d'Enfer, vous entrez par un escalier plus étroit encore que par celui des catacombes de Saint-Calixte à Rome ; puis vous vous trouvez dans un corridor étroit et bas, qui se prolonge et conduit dans d'autres allées presque aussi restreintes. Il suffit d'être un peu haut de taille pour effleurer la voûte avec sa tête. Les allées des catacombes de Rome sont, en général, plus élevées ; mais celles de Paris sont beaucoup plus propres, mieux maçonnées ; les murs sont blancs et unis et le

Comme celles-ci, elles proviennent d'anciennes excavations, mais elles sont moins riches en souvenirs, cela se comprend facilement, leur origine est beaucoup moins antique, puisqu'elles ne remontent qu'à très-peu de siècles, c'est-à-dire tout simplement à l'époque où l'on supprima à Paris la plupart des anciens cimetières. On forma alors l'ossuaire qui est proprement ce qu'on appelle les catacombes.

sol à peu près régulier. En approchant de l'ossuaire, les chemins s'élargissent; l'ossuaire lui-même, qui est l'endroit le plus curieux et le plus important, est vraiment spacieux. Les murs sont revêtus d'ossements; ce sont des tibias superposés qui ne présentent que leur extrémité, et sur la crête de ces murs formés des débris humains, sont rangées, comme ornement, des têtes de morts qui vous regardent à droite et à gauche Ce spectacle est lugubre et religieux tout à la fois. Là se trouvent aussi des inscriptions dont plusieurs sont de graves sentences fort bien choisies pour ce lieu de recueillement et de sévères méditations. Quelques pierres rappellent des souvenirs historiques; elles montrent l'endroit où reposent les corps de nombreuses victimes de nos émeutes révolutionnaires avant 93.

Un habile ouvrier s'est plu à représenter en sculpture, sur la pierre, le fort Mahon avec ses redoutes, et ses avant-postes. C'est un travail qu'il fit de mémoire après avoir assisté à la prise de ce fort, sous Richelieu. Les visiteurs sont agréablement distraits de leurs sombres pensées par la vue de cet objet moins sévère que le reste.

Nos catacombes s'étendent aussi fort loin; du côté inférieur de Paris, elles descendent presque jusqu'à la Seine; mais elles se prolongent surtout sous les abords de la capitale au delà du faubourg Saint-Jacques et dans la direction de Gentilly.

Après avoir visité encore plusieurs autres lieux le même jour, tels que des couvents et des communautés religieuses, celle des prêtres Lazaristes, celle des religieux franciscains ; après avoir aussi visité en détail la grande et belle église de Sainte-Marie-Majeure, située sur le sommet du mont Esquillin, à l'est de la ville, église qui est la plus vaste de toutes celles que Rome dédia à la sainte Vierge, nous nous disposâmes à voir en dernier lieu la partie de Rome qu'on nomme le Trastevere et qui se trouve tout à l'opposé.

Le Trastevere est à l'Ouest de la ville ; ce quartier qui s'étend sur la rive droite du fleuve n'est pas indifférent à visiter ; s'il n'est pas le séjour de l'aristocratie dans Rome, il est du moins celui où l'on retrouve l'ancien caractère romain. Là, le pauvre lui-même dit avec orgueil : *Ego sum civis romanus* : Je suis citoyen romain. Cette partie de Rome renferme aussi plusieurs beaux établissements et de grandes églises ; je citerai d'abord l'hospice Saint-Michel, qui ne remonte qu'au dix-septième siècle : il a été plusieurs fois agrandi ; son circuit est d'un demi-mille romain, sa principale façade n'a pas moins de quatre cent dix-huit mètres. Dans les différents compartiments de ce vaste hospice sont renfermées quatre classes de personnes, les vieillards, les femmes âgées, les enfants et les jeunes filles auxquels on apprend des métiers.

La maison de Saint-Onuphre, située auprès de l'église du même nom, renferme un orphelinat nombreux de jeunes filles romaines. Cette maison est confiée aux soins des sœurs de la charité qui savent tirer un parti merveilleux de ces natures incultes. Il nous a été donné, presque à la veille de notre départ, de revoir en ces lieux la supérieure et les sœurs avec lesquelles nous avions fait notre traversée. Elle était heureuse, la digne fille de charité, de nous faire visiter sa maison si admirablement tenue et aussi de nous entretenir sur le compte de ses chères élèves!

Après avoir quitté ces lieux auxquels se rattache le souvenir du Tasse, nous allâmes visiter quelques églises. Il en est une qui nous attira d'une manière toute particulière, et je me fais un plaisir d'en parler ici en détail ; c'est l'église de Sainte-Cécile. Elle est remarquable par son antiquité et par la vénération qu'on lui porte à Rome. On croit qu'elle fut construite primitivement par le pape saint Urbain, vers l'an 230 dans l'endroit même où était la maison de la sainte. Elle fut reconstruite par Pascal Ier en 821 et restaurée à plusieurs autres époques. Cette église, à l'extérieur comme à l'intérieur,

a un style tout particulier. Une grande cour la pré-
cède à droite de laquelle se présente un vase en
marbre de ceux qu'on appelait *Canthari* et qui
servaient de fontaines pour l'ablution des fidèles.
En entrant dans l'église se présentent deux tombeaux antiques, celui de Nicolas Fortiguerra, com-
mandant de l'armée pontificale, mort en 1473, et
celui du cardinal Adam de Herfort, mort en 1398.

En passant dans la nef, à droite, on trouve un
corridor qui conduit à la chapelle de Sainte-Cécile,
érigée dans le lieu où était anciennement une
étuve appartenant à la maison de la sainte. C'est
dans ce lieu même qu'elle souffrit le martyre ; le
préfet romain donna ordre de renfermer sainte Cécile, chez elle, dans un bain, et de l'y faire suffo-
quer ; elle y demeura vingt-quatre heures sans
ressentir le moindre mal, le tyran voulut lui faire
trancher la tête, et on lui donna trois coups sans
pouvoir la lui couper. Elle fut laissée baignée dans
son sang, et ne mourut qu'après plus de trois jours.
Un tableau peint par un grand maître représente
son glorieux martyre.

Ce que j'ai encore admiré, c'est le maître-autel de
la basilique qui est couvert d'un baldaquin en marbre blanc et noir ; au-dessous est la confession ou
chapelle souterraine qui renferme le corps de sainte

Cécile ; sa statue est représentée légèrement vêtue et couchée sur son tombeau.

Enfin nous prîmes une journée pour voir Tivoli dont les sources limpides, les cascades, les grottes remarquables mériteraient un long récit. Tivoli, cette ancienne Tibur, objet des chants lyriques de l'immortel Horace, où Catulle, Adrien et tant d'autres personnages de l'empire avaient leurs somptueuses villas. Mais toutes ces curiosités doivent être comptées pour peu en comparaison de toutes celles que nous allions laisser sans les avoir vues. On ne visite pas Rome en quelques semaines, il faut des mois et même des années. Rome est sans contredit plus longue à visiter que Paris et Londres, quoique ces villes soient incomparablement plus considérables. Mais s'il nous en coûtait de quitter la ville éternelle, c'était moins par le regret de n'avoir pu tout voir, que par celui de quitter ce que nous avions vu et goûté. O Rome ! quiconque a savouré les délices de la paix et de la piété qui régnent dans ton enceinte peut-il te quitter sans ressentir dans son cœur les douleurs de la séparation ! Peut-on surtout s'éloigner sans regrets de celui qu'on aimerait à revoir toujours ! De celui dont une seule parole rend la joie au cœur affligé, dont un seul regard ramène à Dieu celui qui a pu s'en éloigner un instant ! De celui enfin sans la présence duquel, ô Rome ! avec toutes tes grandeurs et tes souvenirs, tu perdrais ton plus beau prestige et deviendrais, pour ainsi dire, un corps sans âme, une épouse sans son bien-aimé !

XVII

DERNIÈRE AUDIENCE DU SAINT-PÈRE.

Le ciel qui nous avait servis si fort à souhait dans tout le cours de notre voyage nous ménageait une dernière faveur; nous devions, contre toute attente, avoir encore une fois le bonheur de voir le pape dans une dernière et magnifique audience, et recevoir de sa bouche paternelle les adieux les plus touchants et sa dernière bénédiction. Voici comme le fait eut lieu : notre cher recteur qui n'avait pu assister aux deux audiences dont nous avions été favorisés comme ecclésiastiques, avait écrit au cardinal Pacca; et au moment où nous ne songions plus qu'à notre départ, il reçut de son Éminence à son tour une lettre d'audience. Il était temps ! déjà l'on nous avait remis au Quirinal la médaille que Sa Sainteté avait promise à tous les prêtres venus à Rome, ainsi que l'allocution qu'elle nous avait adressée dans la chapelle Sixtine pendant notre audience publique.

« Venez, nous disait le lendemain notre bien cher et digne compagnon, conduisez-moi au Vatican, vous aurez fait en cela une bonne œuvre qui méritera sa récompense en ce monde et en l'autre, et qui sait si vous ne l'aurez pas de suite ?» Nous l'accompagnâmes donc, trop heureux de le faire par pure amitié, mais aussi avec le pressentiment de quelque bonne fortune.

En effet, Monseigneur l'évêque d'Evreux, s'étant trouvé faire partie de l'audience, et nous ayant rencontrés avec son diocésain, notre ami, aux pieds du Vatican, nous réunit à sa société, et nous eûmes tous entrée. Cette dernière audience devait avoir aussi son caractère à part, qui nous la rendrait non moins chère que les deux précédentes. Nous devions encore une fois recevoir les adieux de notre Saint-Père ; et quoi de plus doux que ces adieux paternels du représentant de Jésus-Christ sur la terre, à des enfants dévoués et pénétrés d'amour? L'audience allait avoir lieu dans une longue galerie du Vatican appelée la galerie des cartes, parce que les murs sont tapissés d'immenses cartes géographiques. Huit cents personnes pour le moins, tant séculières qu'écclésiastiques, étaient présentes ; à l'approche de Sa Sainteté, le public a coutume, dans cette pièce qui est toute en longueur, de se ranger sur deux files et de s'agenouiller à mesure que le Saint-Père avance, pour baiser sa mule et recevoir sa bénédiction.

Contemplez-le ce pontife admirable, accompagné de deux cardinaux qui ont de la peine à suffire pour protéger sa personne auguste et sacrée contre l'ardeur trop empressée de ses enfants. Il avance lentement entre ces deux longues files, s'inclinant vers l'un, vers l'autre, à droite et à gauche, pour entendre ce que chacun désire lui dire et répondre. La plupart du temps il a compris sans entendre, et il répond toujours avec un à-propos admirable, surtout il bénit avec amour. O rois de la terre, entourez à l'envi de votre protection contre les machinations de l'enfer cette image attendrissante et ce parfait modèle de la royauté et de la paternité ! J'entends les parents qui demandent la bénédiction pour eux et pour leurs enfants ; j'entends le pasteur des âmes qui demande la bénédiction pour lui et pour le troupeau qu'il a plu au Seigneur de lui confier; j'entends l'époux et l'épouse, la mère et la fille, le guerrier et la religieuse qui réclament tous quelque grâce particulière. Demandez tous, ô enfants de la grande famille, demandez tous à votre Père commun ; image de celui dont il tient la place sur la terre, il a des bénédictions pour tous ; ses trésors sont inépuisables. Il sort de lui comme de Pierre une vertu qui guérit les malades, et qui peut rendre la vue aux aveugles et l'ouie aux sourds. J'ai vu ceux qui avaient été bénis une fois se lever et, par un pieux stratagème, remonter plus haut la file pour voir encore une fois la main du pontife s'étendre sur eux et les bénir. J'ai vu la foule respectueuse ne pouvant se contenir au moment où elle pensait que son père allait disparaître. Mais non, il ne pouvait nous quitter sans nous exprimer dans des paroles tendres et affectueuses les sentiments d'amour paternel dont son cœur débordait.

Un fauteuil est placé devant une des croisées de la galerie ; le Saint-Père monte sur cette tribune improvisée et nous fait entendre ces touchantes paroles : « Beaucoup d'entre vous m'ont prié de « les bénir, eux et leurs familles ; je veux donc « vous bénir, vous et vos familles, avec toute l'ef- « fusion de mon cœur. Je bénis aussi vos amis, « vos compatriotes, tous ceux, en un mot, qui vous « sont chers ; portez-leur ma bénédiction pater- « nelle. Le moment de votre départ approche ; à « l'heure de la séparation je vous souhaite à tous « un heureux retour dans vos différentes patries, en

« France, en Espagne, en Belgique, en Allemagne, en
« Angleterre. Que le bon Dieu vous garde pendant
« le voyage ; mais ce que je vous souhaite à tous et
« par-dessus tout, ah ! c'est que vous fassiez bien le
« grand voyage de la vie ; car c'est là l'important,
« de bien faire ce voyage de la vie qui conduit au
« port de la bienheureuse éternité. » Après ces
quelques paroles, prononcées avec un accent tout
à fait pénétré et pénétrant, Sa Sainteté nous a bénis.
Ici encore comme dans la chapelle Sixtine un
ecclésiastique eut la bonne pensée d'entonner l'o-
raison liturgique : *Oremus pro pontifice nostro Pio*,
et nous répondîmes tous à l'unisson et sur un ton
grave et religieux : *Dominus conservet eum et vivificet
eum, et beatum faciat eum in terra, et non tradat eum
in animam inimicorum ejus.*

XVIII

DÉPART. — ADIEUX A LA VILLE SAINTE.

Les chaleurs se faisaient toujours fortement sentir ; notre cher recteur ne se portait plus aussi bien que dans le commencement ; nous-mêmes nous sentions aussi l'influence d'un climat plus chaud que le nôtre. Il fallait enfin partir ; d'ailleurs, avant de reprendre le chemin de notre capitale, nous devions en France visiter d'autres lieux.

Les derniers instants dont nous pûmes disposer nous servirent à faire nos adieux aux personnes que nous connaissions à Rome, et particulièrement à nos confrères et à nos supérieurs ecclésiastiques, à Mgr le Cardinal notre archevêque, à Mgr l'évêque de Moulins et aussi à M. Veuillot, sonhôte ; et, trouvant encore moyen de disposer d'un moment, je ne voulus pas quitter Rome sans savoir ce que mon Anglais était devenu : j'entrai donc à l'hôtel d'Angleterre, qui était tout proche de notre demeure, et je

fus assez heureux pour le revoir; il me fit un accueil
fort cordial. Après des journées aussi laborieuses
que celles que nous avions passées, je m'attendais
à quelque nouvelle jérémiade ; mais, à mon grand
étonnement, je trouvai un homme tout métamor-
phosé : ma première parole fut de lui demander
s'il ne se préparait pas aussi à quitter Rome : «Non,
monsieur l'abbé, me dit-il, je veux voir auparavant
les fêtes du Saint-Sacrement.—Il me semble, monsieur, que vous êtes mieux portant maintenant que
je ne vous ai jamais vu ? — N'est-ce pas, monsieur
l'abbé? Oui, je sens que je vais bien, et cela me rend
heureux, mais si heureux que je commence à aimer
Rome ! Est-ce que monsieur l'abbé ne m'a pas
aperçu dans Saint-Pierre, le jour de la grande fête ?
— Non, monsieur. —Vraiment? monsieur l'abbé;
eh bien, moi je vous ai vu, mais de bien loin, il est
vrai ; je n'étais pas mal placé pour voir, seulement
il m'est arrivé encore une petite contrariété ce
jour-là, qui m'a mis un peu en mauvaise humeur. Il
semble parfois qu'un mauvais sort me poursuit. Fi-
gurez-vous que j'eus la maladresse de me placer
sous les lumières, à côté d'un de ces grands lustres
qui s'élevaient si haut ; et pendant que je regardais
avec tous mes yeux la cérémonie, je ne m'aperçus
pas que la cire pleuvait sur moi à foison, monsieur

l'abbé ! Mon manteau, qui est mon inséparable, en était tellement couvert, qu'après la cérémonie je n'osais plus me montrer dehors. Le dégraisseur en eut pour sa journée à me le remettre en état ! J'ai été bien ému, monsieur l'abbé, ce jour-là. Oh ! combien j'ai admiré le Pape ! Savez-vous ce qui me touchait le plus? C'était de penser que ce pauvre Saint-Père était à jeun; à jeun, monsieur l'abbé ! jusqu'à une heure et demie ! Nous ne nous faisons pas l'idée de cela en Angleterre, je vous l'assure. Mais j'ai une autre chose à vous dire, et je m'applaudis que vous soyez venu me voir. Je suis retourné à Saint-Pierre le surlendemain ; on nous disait que Sa Sainteté avait donné des ordres pour que tout le décor fût enlevé immédiatement : il n'en était rien encore; mais j'ai rencontré le vénérable curé que je vois toujours avec vous, et il faut que vous deviniez où; lui-même n'a pas dû vous le dire, car il n'a pas paru me reconnaître : devinez donc, monsieur l'abbé. Je ferais volontiers un petit pari que vous ne le devinerez pas. — Était-ce à Saint-Pierre?—Évidemment, mais devinez dans quel endroit particulier; ce n'était pas au rez-de-chaussée, je vous l'assure. — C'était donc sur la terrasse où est la *loggia?* — Encore plus haut, monsieur l'abbé. — C'était donc dans le dôme? —

Encore plus haut. — Alors ce ne pouvait être que dans la lanterne ? — Vous n'y êtes pas encore. — C'était dans la boule qui est au-dessus de la lanterne et immédiatement au-dessous de la croix ? — Oui, c'est là. l'auriez-vous jamais pu deviner, que j'ai été rencontrer votre digne pasteur : je ne le reconnus pas tout d'abord ; je voyais un ecclésiastique qui montait à l'échelle perpendiculaire qui mène à cette boule ; son exemple me donna du courage, et je montai à sa suite. Dès qu'il me vit entrer derrière lui : « Prenez garde, monsieur, m'a-t-il dit ; mettez- « vous de l'autre côté de la boule pour faire contre- « poids ; nous n'aurions qu'à l'entraîner et aller « tomber sur la place ! » Nous voyez-vous, monsieur l'abbé, à 420 pieds dans les airs? C'est alors que je reconnus ce monsieur. Nous aurions pu tenir seize personnes dans cette boule qui, vue d'en bas, nous paraît grosse comme la tête. Cette ascension m'a fait un bien inimaginable ; elle m'a délivré de ma sueur rentrée mieux que ne l'eût pu faire un bain de va-peur ; aussi depuis ce jour je me porte à merveille.»

Nous causâmes encore quelque temps, et je rentrai. Le 15, c'est-à-dire le premier dimanche après la Pentecôte, nous quittâmes la ville éternelle en lui disant, non pas adieu, mais au revoir.

Nous nous embarquâmes le même jour à Civita-

Vecchia sur le vaisseau l'Onyx par un temps moins favorable que pour notre arrivée ; le vent soufflait avec violence et en sens contraire à notre marche ; la mer était houleuse ; nous étions aussi en trop grand nombre sur le navire ; plus de cinq cents personnes s'y trouvaient renfermées ; ajoutez à cela des chevaux et des oiseaux de basse-cour en si grande quantité dans des cages, que tout l'arrière-pont en était couvert. Le vaisseau balançait très-fort; nous ne fûmes peut-être qu'une trentaine de personnes exemptes du mal de mer. Quant à moi, debout sur la poupe, le visage tourné vers la plage italienne, je pensais à la ville sainte que j'aurais voulu encore apercevoir , et je m'écriais du fond du cœur :

« Au revoir ! ville éternelle que j'ai saluée avec tant d'amour avant de te connaître, quand pour la première fois posant le pied sur ton territoire je ne te voyais encore que de loin, au revoir ! Comment pourrais-je, après t'avoir contemplée de près, ne pas t'aimer encore davantage ? Serais-je assez malheureux, après les tableaux que tu m'as présentés, les souvenirs que tu m'as rappelés, pour n'emporter dans mon cœur que de l'indifférence ?

Nouvelle Jérusalem, plus grande et plus glorieuse que n'était l'ancienne avant que Jésus-Christ n'y

eût imprimé sa divine trace, parce que tu possèdes
dans ton enceinte plus que le grand prêtre de
l'ancienne loi, tu possèdes le très-saint Père, vicaire de Jésus-Christ, oracle infaillible de la loi
nouvelle, docteur des nations, pasteur universel
des âmes, qui fortifie ses frères dans la foi, pontife-
roi qui tient dans ses mains les deux sceptres. Tu
possèdes un temple qui surpasse en sainteté et en
majesté celui de Salomon, Saint-Pierre de Rome,
temple incomparable, où le ciel se plaît à rendre
ses oracles et à manifester sa gloire, où reposent,
sous les yeux de ceux qui lui succèdent, celui auquel
le Christ a dit : « Tu es Pierre, et sur cette pierre je
« bâtirai mon Église, et les portes de l'enfer ne pré-
« vaudront pas contre elle : » *Tu es Petrus, et super
hanc petram œdificabo Ecclesiam meam, et portœ
inferi non prœvalebunt adversus eam ;* temple où
repose encore une partie des cendres du grand
Apôtre des nations.

Le Pape et Saint-Pierre de Rome ! ne posséde-
rais-tu que ces deux grandeurs que déjà tu serais
la cité sainte et par conséquent la première ville du
monde aux yeux de la foi ; mais tu possèdes encore
les souvenirs les plus beaux et les plus précieux de
la terre, les richesses de l'antiquité que tes Papes
intelligents ont recherchées, et dont ils ont tiré les

restes précieux de dessous les décombres. Rome ancienne est écrite avec toute sa gloire sur tes murs et sur tes monuments ; on ne peut l'étudier et la connaître que dans ton enceinte. Tu possèdes les souvenirs les plus précieux de l'Église catholique ; toutes les traditions du christianisme, je les retrouve dans tes archives, dans tes cloîtres, dans tes églises, et jusque dans tes catacombes. Rome, grande et sainte relique du monde ancien et du monde moderne, ville unique, chère et sacrée, au revoir ! Je t'ai vue et je t'aime, et ton souvenir qui me suivra comme un baume divin ne me quittera jamais ! en toi j'ai reconnu la patrie de ma foi et de mon amour, et la maison de mon Dieu.

Je m'indigne, moi aussi, Français et catholique, en voyant l'ambition humaine vouloir faire de toi un objet de conquête comme d'une terre profane. Prétendants téméraires et injustes, qui voulez vous emparer à tout prix de ce qui ne saurait vous appartenir ; eh quoi ! vous n'êtes pas retenus par la religion qui règne dans ces lieux ! Continuez, et je vous vois, nouveaux Héliodores, attirés par l'appât de tant de richesses, je vous vois éprouver bientôt, vous aussi, même dans ce monde, le courroux du ciel, car il ne manquera pas de s'armer pour la défense des saints lieux.

Ah ! plutôt, respectez cette ville sans défense où votre Dieu s'est plu à élever son sanctuaire, et ces vieux murs que tant de siècles ont marqués de leur sceau vénérable ; respectez-la comme on respecte un vieillard blanchi dans le sanctuaire.

Laissez à son légitime possessenr ce petit héritage qui du reste nous appartient à tous, et qui n'est pas comparable pour l'étendue et l'importance politique à ceux dont vous vous prévalez ; vous osez tenter de déposséder de son modeste patrimoine le chef suprême de la religion sur la terre ? C'est un père que vous voulez dépouiller, et quelle malédiction ne poursuit pas les enfants qui méconnaissent les droits les plus sacrés et les plus inviolables ? Laissez donc à votre père que le ciel vous a donné, laissez-lui le petit coin de terre qu'il tient de la Providence et qui lui est nécessaire pour assurer son indépendance.

Au revoir ! sainte cité qui brille à nos yeux d'un éclat surnaturel ; si tu n'égales pas par l'éclat du luxe et de la richesse mondaine Paris et Londres, tu les surpasses sans contredit par tes grandeurs divines. Le Seigneur t'a préférée et choisie pour fixer en toi le lieu de son plus beau sanctuaire, comme il avait autrefois préféré Jérusalem à Babylone et à Ninive. Le Dieu de Béthléem avait-il besoin pour la gloire de son église d'élever dans l'enceinte de nos superbes capitales le siége de Pierre et le lieu de ses oracles? Non, non, il lui fallait plutôt ces collines où la Rome païenne, cette grande prostituée d'autrefois, avait convié les nations à venir s'enivrer avec elle du vin de ses erreurs : il lui fallait ces lieux profanés par les antiques triomphes de l'idolâtrie, afin de faire éclater aux yeux des nations la victoire de la croix sur l'enfer, et la puissance de sa grâce qui régénère, et afin que, de ce faîte élevé d'où l'erreur avait répandu ses ténèbres épaisses, l'éternelle vérité des cieux, descendue sur la terre, rayonnât plus glorieusement sur le monde.

Au revoir! ville éternelle, objet de mes affections les plus vives ; que ma droite se sèche et que ma langue s'attache à mon palais, si tu n'es pas toujours la première dans mes souvenirs, et si je cesse jamais de faire de toi l'objet de mes cantiques. Honneur, gloire, bénédiction à ceux qui t'aimeront et qui feront pour toi des vœux ! anathème à ceux qui te calomnieront et chercheront à te nuire par les excès de leur haine insensée !

Adieu! salut à toi, Rome, ville éternelle!
Lieu des oracles saints, trois fois béni des cieux ;

Montagne du Seigneur, Jérusalem nouvelle,
    Salut à ton nom glorieux !

Dans les siècles anciens, à ton char de victoire,
Tu traînais asservis les peuples et les rois ;
L'univers tout entier, théâtre de ta gloire,
    Se courbait tremblant sous tes lois :

Mais sur le faîte altier de ton splendide trône,
De tes dieux imitant les dissolutions,
Par tes enchantements, nouvelle Babylone ;
    Tu corrompais les nations.

Le bien-aimé du Christ à nos yeux te présente
Homicide des saints, t'enivrant de leur sang,
Jusqu'au jour où du ciel la vengeance éclatante
    Brisa ton empire puissant.

Et lorsque tu gisais le front dans la poussière,
Le Dieu qui rend la vie, épris pour toi d'amour,
Sur les riches débris de ta grandeur première
    Te prépare un trône à son tour.

Quitte tes dieux, dit-il, et leurs autels infâmes,
Et reçois de mes mains un empire plus beau ;
Ton règne désormais s'étendra sur les âmes :
    L'amour est ton sceptre nouveau.

Quelle splendeur plus noble à nos yeux t'environne
Depuis que, préférée à l'antique Sion,

Oh! Rome, sur ton front tu portes la couronne
De la sainte Religion !

Adieu, salut à toi Rome, ville éternelle,
Lieu des oracles saints, trois fois béni des cieux,
Montagne du Seigneur, Jérusalem nouvelle,
Salut à ton nom glorieux !

Des cimes du mont Blanc aux plages d'Amérique,
Des froids steppes du nord au rivage africain,
Je te vois étendant ton règne pacifique,
Pour le bonheur du genre humain.

Les riches possesseurs des trésors de la terre
Les ont posés aux pieds de ton Pontife-Roi ;
Et les grands conquérants respectant ta barrière
Ont voulu combattre pour toi.

Les peuples à l'envi vers ton illustre enceinte
Sont montés pénétrés d'une sainte terreur ;
Ils se disaient : Venons ; voyons la ville sainte ;
C'est là qu'habite le Seigneur.

En vain l'impiété rêve encore des conquêtes ;
Sous tes remparts sacrés elle a trouvé la mort :
Chaque siècle te voit triompher des tempêtes
Qu'elle oppose à ton noble essor.

Triomphe donc toujours pour le salut du monde,
Rome, et venge tes droits de nouveau méconnus ;

Montre toi toujours grande, admirable, féconde
    Aux yeux des méchants confondus.

Adieu ! salut à toi, Rome, ville éternelle !
Lieu des oracles saints, trois fois béni des cieux,
Montagne du Seigneur, Jérusalem nouvelle,
    Salut à ton nom glorieux !

PII

DIVINA PROVIDENTIA

PAPÆ IX

ALLOCUTIO

HABITA IN CONSISTORIO

DIE IX JUNII MDCCCLXII,

ADSTANTIBUS ETIAM PATRIARCHIS, PRIMATIBUS, ARCHIEPISCOPIS
EPISCOPIS
SOLEMNIS SANCTORUM MARTYRUM IN JAPONIA
ET MICHAELIS DE SANCTIS
CANONIZATIONIS CAUSA ROMÆ CONGREGATIS.

VENERABILES FRATRES,

Maxima quidem lætitia affecti fuimus, Venerabiles Fratres, cum Sanctorum honores et cultum, Deo bene juvante, septem et vigenti invictissimis divinæ nostræ religionis heroibus hesterno die decernere potuerimus, Vobis lateri Nostro adstantibus, qui egregia pietate ac virtute præditi, et in sollicitudinis Nostræ partem vocati in hac tanta temporum asperitate strenue dimicantes pro Domo

Israel summo Nobis solatio et consolationi estis.
Utinam vero, dum hujusmodi perfundimur gau-
dio, nulla mœroris, luctusque causa Nos aliunde
contristaret. Non possumus enim non vehementer
dolere et angi, cum videamus tristissima, et nunquam satis deploranda mala ac damna, quibus
cum permagno animarum detrimento catholica
nunc Ecclesia, et ipsa civilis societas miserandum
in modum premitur ac divexatur. Optime enim
noscitis, Venerabiles Fratres, teterrimum sane bellum contra rem catholicam universam ab iis hominibus conflatum, qui inimici Crucis Christi sa-
nam non sustinentes doctrinam, ac nefaria inter se
societate conjuncti, quæcumque ignorant, blas-
phemant, ac pravis cujusque generis artibus sanctissimæ nostræ religionis, et humanæ societatis
fundamenta labefactare, immo, si fieri unquam
posset, penitus evertere, omniumque animos men-
tesque perniciosissimis quibusque erroribus imbuere, corrumpere et a catholica religione avel-
lere moliuntur. Nimirum callidissimi isti fraudum
artifices, et fabricatores mendacii non cessant mons-
trosa quæque veterum errorum portenta jam sa-
pientissimis scriptis toties profligata ac depulsa,
gravissimoque Ecclesiæ judicio damnata e tenebris excitare, eaque novis, variis ac fallacissimis

formis verbisque expressa exaggerare, et modis omnibus usquequaque disseminare. Hac funestissima
ac diabolica prorsus arte rerum omnium scientiam
contaminant, deturpant, mortiferum ad animarum
perniciem virus diffundunt, effrenatam vivendi licentiam, et pravas quasque cupiditates fovent, religiosum ac socialem ordinem invertunt, et omnem
justitiæ, veritatis, juris, honestatis et religionis
ideam extinguere conantur, et sanctissima Christi
dogmata, doctrinam irrident, contemnunt, oppugnant. Horret quidem refugitque animus, ac reformidat vel leviter attingere præcipuos tantum
pestiferosque errores, quibus hujusmodi homines
miserrimis hisce temporibus divina et humana
cuncta permiscent.

Nemo Vestrum ignorat, Venerabiles Fratres, ab
hujusmodi hominibus plane destrui necessariam
illam cohærentiam, quæ Dei voluntate intercedit
inter utrumque ordinem, qui tum in natura, tum
supra naturam est, itemque ab ipsis omnino immutari, subverti, deleri propriam, veram germanamque divinæ revelationis indolem, auctoritatem, Ecclesiæque constitutionem et potestatem.
Atque eo opinandi temeritate progrediuntur, ut
omnem veritatem, omnemque legem, potestatem
et jus divinæ originis audacissime denegare non

metuant. Siquidem haud erubescunt asserere, philosophicarum rerum, morumque scientiam, itemque civiles leges posse et debere a divina revelatione et Ecclesiæ auctoritate declinare, et Ecclesiam non esse veram perfectamque societatem plane liberam, nec pollere suis propriis et constantibus juribus sibi a divino suo Fundatore collatis, sed civilis potestatis esse definire, quæ sint Ecclesiæ jura et limites, intra quos eadem jura exercere queat. Hinc perverse comminiscuntur, civilem potestatem posse se immiscere rebus, quæ ad religionem, mores et regimen spirituale pertinent, atque etiam impedire, quominus Sacrorum Antistites et fideles populi cum Romano Pontifice supremo totius Ecclesiæ Pastore divinitus constituto libere ac mutuo communicent, ut plane dissolvatur necessaria et arctissima illa conjunctio, quæ inter membra mystici corporis Christi, et adspectabile suum Caput ex divina ipsius Christi Domini institutione esse omnino debet. Nihil vero timent omni fallacia ac dolo in vulgus proferre, sacros Ecclesiæ ministros, Romanumque Pontificem ab omni rerum temporalium jure ac dominio esse omnino excludendos.

Summa præterea impudentia asserere non dubitant, divinam revelationem non solum nihil prodesse, verum etiam nocere hominis perfectioni,

ipsamque divinam revelationem esse imperfectam,
et idcirco subjectam *continuo* et *indefinito* pro-
gressui, qui humanæ rationis progressioni re-
spondeat. Nec verentur proinde jactare, prophetias
et miracula in sacris Litteris exposita et narrata
esse poetarum commenta, et sacrosancta divinæ
fidei nostræ mysteria philosophicarum investiga-
tionum summam, ac divinis utriusque Testamenti
libris mythica contineri inventa, et ipsum Dominum Nostrum Jesum Christum, horribile dictu!
mythicam esse fictionem. Quare hi turbulentissimi
perversorum dogmatum cultores blaterant, morum
leges divina haud egere sanctione, et minime opus
esse, ut humanæ leges ad naturæ jus conformen-
tur, aut obligandi vim a Deo accipiant, ac propter-
ea asserunt, nullam divinam existere legem. Insuper inficiari audent omnem Dei in homines
mundumque actionem, ac temere affirmant, humanam rationem, nullo prorsus Dei respectu ha-
bito, unicum esse veri et falsi, boni et mali arbi-
trum, eamdemque humanam rationem sibi ipsi
esse legem, ac naturalibus suis viribus ad hominum
ac populorum bonum curandum sufficere. Cum
autem omnes religionis veritates ex nativa humanæ
rationis vi perverse derivare audeant, tum cuique
homini quoddam veluti primarium jus tribuunt, ex

quo possit libere de religione cogitare et loqui,
eumque Deo honorem et cultum exhibere, quem
pro suo libito meliorem existimat.

At vero eo impietatis et impudentiæ deveniunt,
ut cœlum petere, ac Deum ipsum de medio tollere
conentur. Insigni enim improbitate ac pari stulti-
tia haud timent asserere, nullum supremum sapien-
tissimum providentissimumque Numen divinum
existere ab hac rerum universitate distinctum, ac
Deum idem esse ac rerum naturam, et idcirco im-
mutationibus obnoxium, Deumque reapse fieri in
homine et mundo, atque omnia Deum esse, et
ipsissimam Dei habere substantiam, ac unam eamdemque rem esse Deum cum mundo, ac proinde
spiritum cum materia, necessitatem cum libertate,
verum cum falso, bonum cum malo, et justum cum
injusto. Quo certe nihil dementius, nihil magis
impium, nihil contra ipsam rationem magis repu-
gnans fingi et excogitari unquam potest. De auctoritate autem et jure ita temere effutiunt, ut im-
pudenter dicant, auctoritatem nihil aliud esse, nisi
numeri, et materialium virium summam, ac jus in
materiali facto consistere, et omnia hominum officia
esse nomen inane, et omnia humana facta juris
vim habere.

Jam porro commenta commentis, deliramenta

deliramentis cumulantes, et omnem legitimam auctoritatem, atque omnia legitima jura, obligationes,
officia conculcantes, nihil dubitant in veri legitimi-
que juris locum substituere falsa ac mentita virium
jura, ac morum ordinem rerum materialium ordini
subjicere. Neque alias vires agnoscunt, nisi illas,
quæ in materia positæ sunt, et omnem morum
disciplinam honestatemque collocant in cumulandis
et augendis quovis modo divitiis, et in pravis quibusque voluptatibus explendis. Atque hisce nefariis
abominandisque principiis reprobum carnis spiritui
rebellis sensum tuentur, fovent, extollunt, illique
naturales dotes ac jura tribuunt, quæ per catholicam
doctrinam conculcari dicunt, omnino despicientes
monitum Apostoli clamantis : « Si secundum carnem
« vixeritis, moriemini; si autem spiritu facta carnis
« mortificaveritis, vivetis (1). » Omnia præterea le-
gitimæ cujusque proprietatis jura invadere, destruere contendunt, ac perperam animo et cogitatione
confingunt, et imaginantur jus quoddam *nullis
circumscriptum limitibus*, quo reipublicæ Statum
pollere existimant, quem omnium jurium originem
et fontem temere arbitrantur.

Dum vero hos præcipuos infelicissimæ nostræ æta-
tis errores dolenter ac raptim perstringimus, recen-

(1) Rom., 1, 13.

sere omittimus, Venerabiles Fratres, tot alias fere innumerabiles falsitates et fraudes Vobis apprime notas ac perspectas, quibus Dei hominumque hostes rem tum sacram tum publicam perturbare et convellere connituntur. Ac silentio prætermittimus multiplices gravissimasque injurias, calumnias, convicia, quibus sacros Ecclesiæ ministros, et hanc Apostolicam Sedem dilacerare et insectari non desinunt. Nihil loquimur de iniqua sane hypocrisi, qua funestissimæ in Italia præsertim perturbationis ac rebellionis duces et satellites dictitant, se velle, Ecclesiam sua gaudere libertate, dum sacrilego prorsus ausu omnia ipsius Ecclesiæ jura et leges quotidie magis proculcant, ejusque bona diripiunt, et Sacrorum Antistites, ecclesiasticosque viros suo munere præclare fungentes quoquo modo divexant, et in carcerem detrudunt, et Religiosorum Ordinum Alumnos, ac Virgines Deo sacras e suis cœnobiis violenter exturbant, suisque propriis bonis spoliant, nihilque intentatum relinquunt, ut ipsam Ecclesiam in turpissiman redigant servitutem et opprimant. Ac dum singularem certe ex optatissima Vestra præsentia voluptatem percipimus, Vos ipsi videtis, quam libertatem nunc habeant Venerabiles Fratres Sacrorum in Italia Antistites, qui strenue constanterque præliantes prælia Domini, minime potuerunt cum summo animi Nostri dolore, adversantium opera, ad Nos venire, et inter Vos versari, atque huic adesse conventui, quod summopere optavissent, quemadmodum infelicis Italiæ Archiepiscopi et Episcopi suis Litteris summi erga Nos, et hanc Sanctam Sedem, amoris et obsequii plenissimis significarunt. Neminem etiam ex Sacrorum in Lusitania Antistitibus hic adesse cernitis, ac non parum dolemus, inspecta difficultatum natura quæ obstiterunt, quominus ipsi romanum iter aggredi possent. Recensere autem omittimus tot alia sane tristia et horrenda quæ ab hisce perversarum doctrinarum cultoribus cum incredibili Nostro ac Vestro, et omnium bonorum luctu patrantur. Nihil item dicimus de impia conspiratione, et pravis cujusque generis molitionibus ac fallaciis, quibus civilem hujus Apostolicæ Sedis principatum omnino evertere ac destruere volunt. Juvat potius hac de re commemorare miram prorsus consensionem, qua Vos ipsi una cum aliis Venerabilibus Fratribus universi catholici orbis Sacrorum Antistitibus nunquam intermisistis et epistolis ad Nos datis, et pastoralibus litteris ad fideles scriptis hujusmodi fallacias detegere, refutare, ac simul docere, hunc civilem Sanctæ Sedis principatum Romano Pontifici fuisse singulari divinæ providentiæ consilio datum, illumque necessarium esse, ut idem Romanus Pontifex nulli unquam Principi aut civili potestati subjectus, supremam universi Dominici gregis pascendi regendique postestatem auctoritatemque ab ipso Christo Domino divinitus acceptam per universam Ecclesiam plenissima libertate exercere, ac majori ejusdem Ecclesiæ, et fidelium bono, utilitati et indigentiis consulere possit.

Quæ hactenus lamentati sumus, Venerabiles Fratres, luctuosum plane exhibent spectaculum. Quis enim non videt pravorum dogmatum iniquitate, ac tot nequissimis deliramentis et machinationibus magis in dies christianum populum misere corrumpi, et ad exitium impelli, et catholicam Ecclesiam ejusque salutarem doctrinam, ac veneranda jura et leges sacrosque ministros oppugnari, et idcirco omnia vitia et scelera invalescere ac propagari, et ipsam civilem societatem exagitari ?

Nos itaque Apostolici Nostri ministerii probe memores, ac de spirituali omnium populorum bono et salute nobis divinitus commissa vel maxime solliciti, cum « aliter », ut sanctissimi decessori Nostri Leonis verbis utamur, « Nobis commissos regere « non possimus, nisi hos, qui sunt perditores et « perditi, zelo fidei Dominicæ persequamur, et a « sanis mentibus, ne pestis hæc latius divulgetur, « severitate, qua possumus, abscindamus, » in hoc amplissimo Vestro consessu apostolicam Nostram attollentes vocem, omnes commemoratos præsertim errores, non solum catholicæ fidei ac doctrinæ, divinis ecclesiasticisque legibus, verum etiam ipsi sempiternæ ac naturali legi et justitiæ, rectæque rationi omnino repugnantes et summopere adversos reprobamus, proscribimus atque damnamus.

Vos autem, Venerabiles Fratres, qui estis sal terræ, et Dominici gregis Custodes ac Pastores, etiam atque etiam excitamus et obtestamur, ut pro eximia Vestra religione et episcopali zelo pergatis, veluti adhuc cum summa Vestri Ordinis laude fecistis, omni cura, sedulitate et studio fideles Vobis traditos, ab hisce venenatis pascuis arcere, et qua voce, qua opportunis scriptis tot perversarum opinionum monstra refellere et profligare. Optime enim scitis de summa re agi, cum agatur de sanctissimæ fidei nostræ, ac de catholicæ Ecclesiæ ejusque doctrinæ causa, de populorum salute, et humanæ societatis bono ac tranquillitate. Itaque, quantum in Vobis est, ne desinatis unquam a fidelibus avertere tam diræ pestis contagia, id est, ab eorum oculis manibusque perniciosos libros et ephemerides eripere, ipsosque fideles sanctissimis augustæ nostræ religionis præceptionibus assidue imbuere et erudire, ac monere et exhortari, ut ab hisce iniquitatis magistris tanquam a facie colubri effugiant. Pergite Vestras omnes curas cogitationesque in id potissimum conferre, ut Clerus sancte scienterque instituatur, omnibusque virtutibus fulgeat, ut utriusque sexûs juventus ad morum honestatem, pietatem omnemque virtutem sedulo formetur, ut salutaris sit studiorum ratio. Ac diligentissime advigilate et prospicite, ne in humaniores litteras severioresque disciplinas tradendas aliquid unquam irrepat, quod fidei, religioni bonisque moribus adversetur. Viriliter agite, Venerabiles Fratres, et ne animo unquam concidatis in hac tanta temporum perturbatione et iniquitate, sed divino auxilio omnino freti, ac *sumentes in omnibus scutum inexpugnabile æquitatis et fidei, atque assumentes gladium spiritus, quod est verbum Dei,* ne intermittatis omnium catholicæ Ecclesiæ et hujus Apostolicæ Sedis hostium conatibus obsistere, eorumque tela retundere et impetus frangere.

Interim vero dies noctesque, sublatis ad cœlum oculis, non desistamus, Venerabiles Fratres, clementissimum misericordiarum Patrem, et Deum totius consolationis, qui de tenebris facit lucem splendescere, quique potens est de lapidibus suscitare filios Abrahæ, in humilitate cordis nostri ferventissimis precibus indesinenter orare et obsecrare, ut per merita Unigeniti Filii sui Domini Nostri Jesu Christi velit christianæ et civili reipublicæ auxiliariam porrigere dexteram, omnesque disperdere errores et impietates, ac divinæ suæ gratiæ lumine omnium errantium mentes illustrare, illosque ad se convertere et revocare, quo Ecclesia sua sancta optatissimam assequatur pacem, et ubique terrarum majora in dies incrementa suscipiat, ac prospere vigeat et efflorescat. Ut autem quæ petimus et quærimus facilius consequi possimus, ne cessemus adhibere primum deprecatricem apud Deum Immaculatam Sanctissimamque Deiparam Virginem Mariam, quæ misericordissima et amantissima nostrum omnium mater cunctas semper interemit hæreses, et cujus nullum apud Deum præsentius patrocinium. Petamus quoque suffragia tum sancti ejusdem Virginis sponsi Josephi, tum sanctorum apostolorum Petri et Pauli, omniumque cœlitum, et illorum præsertim, quos nuper Sanctorum fastis adscriptos colimus et veneramur.

Antequam vero dicendi finem faciamus, Nobis temperare non possumus, quin iterum testemur et confirmemus, summa Nos uti consolatione, dum jucundissimo Vestrum omnium conspectu fruimur, Venerabiles Fratres, qui tanta fide, pietate et observantia Nobis et huic Petri Cathedræ firmiter ob-

stricti, ac ministerium Vestrum implentes, majorem
Dei gloriam et animarum salutem omni studio pro-
curare gloriamini, quique concordissimis animis,
atque admirabili sane cura et amore una cum aliis
Venerabilibus Fratribus totius catholici orbis Episcopis et fidelibus Vestræ et illorum curæ commissis,
gravissimas Nostras angustias et acerbitates modis
omnibus lenire et sublevare non desinitis. Quocirca
hac etiam occasione amantissimi æque ac gratissimi
animi Nostri sensus erga Vos et alios omnes Venerabiles Fratres, et ipsos fideles amplissimis verbis
palam publiceque profitemur. A Vobis autem expo-
scimus, ut cum ad Vestras redieritis Diœceses, velitis
eisdem fidelibus Vestræ vigilantiæ concreditis, hos
animi Nostri sensus Nostro nomine nuntiare, illosque certiores facere de paterna Nostra in illos cha-
ritate, deque Apostolica Benedictione, quam ex in-
timo corde profectam, et cum omnis veræ felicitatis
voto conjunctam Vobis ipsis, Venerabiles Fratres,
et eisdem fidelibus impertire vehementer lætamur.

SANCTISSIMO DOMINO NOSTRO

PIO IX PONTIFICI MAXIMO

SACRORUM ANTISTITES

SACRIS SOLEMNIIS SANCTORUM NOVENSILIUM

MARTYRUM XXVI JAPONIÆ

ET

MICHAELIS DE SANCTIS

Romæ adstantes

DIE FESTO PENTECOSTES ANNI MDCCCLXII.

BEATISSIME PATER,

Ex quo Apostoli Jesu Christi sacro Pentecostes die Petro Ecclesiæ Capiti in oratione adhærentes, Spiritum Sanctum acceperunt, et divino ejus impulsu acti cunctarum fere nationum viris in Urbe sancta congregatis, unicuique sua lingua potentiam Dei mirabilem annuntiarunt, nunquam, ut credimus, ad hanc usque diem tot eorumdem hæredes, iisdem recurrentibus solemniis, venerandum Petri Successorem, orantem circumsteterunt, decernentem audierunt, regentem roborarunt. Quemadmodum vero Apostolis media inter nascentis Ecclesiæ pericula nil jucundius accidere potuit, quam divino Spiritu recens afflato assistere primo Christi in terris Vicario; ita nec nobis præsentes inter Ecclesiæ sanctæ angustias, antiquius sanctiusve aliud esse potuit, quam quidquid inest venerationis pietatisque erga Sanctitatem Tuam pectoribus nostris, ad pedes Beatitudinis Tuæ deponere, simul et unanimiter declarare, quanta prosequamur admiratione præclaras quibus Supremus Pontifex Noster eminet virtutes, quantoque animo iis quæ Petrus alter docuit, vel quæ tam firmiter stata rataque esse voluit, adhæreamus.

Corda nostra novus inflammat ardor, vividior fidei lux mentem illuminat, sanctior animam corripit amor. Linguas nostras flammis illius sacri ignis vibrantes sentimus, quæ Mariæ, cui assidebant Apostoli, mitissimum cor ardentiori pro hominum salute desiderio incendebant, ipsos vero Apostolos ad magnalia Dei prædicanda impellebant.

Plurimas igitur agentes Beatitudini Tuæ gratias, quod nos ad Pontificium solium difficillimis hisce temporibus accurrere, Te afflictum solari, nostrosque Tibi, cleri item ac populi nostræ curæ commissorum animi sensus aperire permiseris, Tibi uno ore unaque mente acclamamus, omnia fausta, cuncta

bona adprecantes. Vive diu, Sancte Pater, valeque
ad Catholicam regendam Ecclesiam. Perge, ut facis,
eam tuo robore tueri, tua prudentia dirigere, tuis
exornare virtutibus. Præi nobis, ut bonus Pastor,
exemplo, oves et agnos cœlesti pabulo pasce, aquis
Sapientiæ cœlestis refice. Nam Tu sanæ doctrinæ
nobis Magister, Tu unitatis centrum, Tu populis
lumen indeficiens a divina Sapientia præparatum.
Tu petra es, et ipsius Ecclesiæ fundamentum, contra quod inferorum portæ nunquam prævalebunt.
Te loquente, Petrum audimus, Te decernente,
Christo obtemperamus. Te miramur inter tantas
molestias totque procellas fronte serena et imper-
turbato animo sacri muneris partibus fungentem,
invictum et erectum.

Dum tamen justissima in his gloriandi nobis sup-
petunt argumenta, non possumus quin simul oculos
ad tristia convertamus. Undequaque enim menti
nostræ se sistunt immania eorum facinora, qui pul-
cherrimam Italiæ terram, cujus Tu, Beatissime
Pater, columen es et decus, misere vastarunt, ip-
sumque tuum ac Sanctæ Sedis principatum, ex quo
præclara quæque in civilem societatem veluti ex
suo fonte dimanarunt, labefactare ac funditus evertere connituntur. Nam neque perennia sæculorum
jura, neque diuturna regiminis pacifica possessio,

neque tandem fœdera totius Europæ auctoritate sancita et confirmata impedire potuerunt, quominus omnia susdeque verterentur, spretis legibus omnibus, quibus hactenus suffulta stabant imperia.

Sed ut ad nostra propius accedamus, Te, Beatissime Pater, iis provinciis, quaram ope, et dignitati Sanctæ Sedis, et totius Ecclesiæ administrationi æquissime providebatur, nefario usurpatorum hominum scelere, qui non habent *nisi velamen malitiæ libertatem*, spoliatum cernimus. Quorum iniquæ violentiæ cum Sanctitas Tua invictissimo animo obstiterit, plurimas ei gratias, Catholicorum omnium nomine, censemus rependendas.

Civilem enim Sanctæ Sedis principatum ceu quiddam necessarium ac providente Deo manifeste institutum agnoscimus; nec declarare dubitamus, in præsenti rerum humanarum statu, ipsum hunc principatum civilem pro bono ac libero Ecclesiæ animarumve regimine omnino requiri. Oportebat sane totius Ecclesiæ Caput Romanum Pontificem nulli principi esse subjectum, imo nullius hospitem; sed in proprio dominio ac regno sedentem suimet juris esse, et in nobili, tranquilla et alma libertate Catholicam Fidem tueri, ac propugnare, totamve regere ac gubernare christianam rempublicam.

Quis autem inficiari possit in hoc rerum humana-

rum, opinionum institutionumque conflictu necessarium esse ut servetur extrema in Europa medius,
tres inter veteris mundi continentes, quidam veluti
sacer locus, et Sedes augustissima, unde populis
principibusque vicissim oriatur vox quædam magna
potensque, vox nempe justitiæ et veritatis, nulli fa-
vens præ cæteris, nullius obsequens arbitrio, quam
nec terrendo compescere, nec ullis artibus quis-
quam possit circumvenire ?

Qui porro vel hac vice fieri potuisset, ut Ecclesiæ
Antistites securi huc ex toto orbe accurrerent cum
Sanctitate Tua de rebus gravissimis acturi, si ex tot
et tam diversis regionibus gentibusque confluentes,
Principem aliquem invenissent his oris dominantem,
qui vel Principes ipsorum in suspicione haberet,
vel illis, suspectus ipse, adversaretur ? Sua sunt etenim et christiano, et civi officia : haud quidem re-
pugnantia inter se, sed diversa tamen ; quæ adim-
pleri ab Episcopis quomodo possent, nisi perstaret
Romæ civilis principatus, qualis est Pontificum, juris alieni omnino immunis, et centrum quodam-
modo universalis concordiæ, nihil ambitionis humanæ spirans, nihil pro terrena dominatione moliens ?

Ad liberum ergo Pontificem Regem venimus
liberi, Ecclesiæ rebus utpote Pastores, et patriæ
utpote cives bene et æque consulentes, neque

Pastorum, neque civium officia posthabentes.

Quæ cum ita sint, quisnam Principatum illum tam veterem, tanta auctoritate, et tanta necessitatis vi conditum, audeat impugnare? Cui, si vel jus illud humanum, in quo posita est principum securitas populorumque libertas attendatur, quænam alia potestas possit comparari? Quæ tam venerabilis et sancta? Quæ sive pristinis, sive recentioribus sæculis monarchia vel respublica juribus tam augustis, tam antiquis, tam inviolabilibus possit gloriari? Quæ omnia si semel et in hac Sancta Sede despecta atque proculcata fuerint, quisnam vel princeps de regno, vel respublica de territorio possint esse securi? Ergo, Sanctissime Pater, pro religione quidem, sed et pro justitia juribusque, quæ sunt inter gentes rerum humanarum fundamenta, contendis atque decertas.

Sed de hac tam gravi causa vix nos decet amplius verba proferre, qui Te de ipsa non tam disserentem quam docentem sæpe sæpius audivimus. Vox etenim Tua, quasi tuba sacerdotalis, toti orbi clangens proclamavit, quod « singulari prorsus divinæ Providentiæ consilio factum sit, ut Romanus Pontifex, quem Christus totius Ecclesiæ suæ Caput centrumque constituit, civilem assequeretur principatum » ab omnibus igitur nobis esse pro certissimo tenen-

dum non fortuito hoc regimen temporale Sanctæ
Sedi accessisse, sed ex speciali divina dispositione
illi esse tributum, longave annorum serie, unanimi
omnium regnorum et imperiorum consensu, ac
pæne miraculo corroboratum et conservatum.

Alto pariter et solemni eloquio declarasti « Te
civilem Romanæ Ecclesiæ Principatum ejusque
temporales possessiones ac jura, quæ ad universum
Catholicum orbem pertinent, integra et inviolata
constanter tueri, et servare velle; immo Sanctæ
Sedis Principatus Beatique Petri patrimonii tutelam
ad omnes Catholicos pertinere; Teque paratum esse
animam potius ponere, quam hanc Dei, Ecclesiæ
ac justitiæ causam ullo modo deserere. » Quibus
præclaris verbis nos acclamantes ac plaudentes
respondemus, nos Tecum et ad carcerem et ad
mortem ire paratos esse; Teque humiliter roga-
mus, ut in hac constantia ac firmissimo proposito
maneas immobilis, angelis et hominibus invicti
animi et summæ virtutis spectaculum factus. Id
etiam a Te postulat Christi Ecclesia pro cujus feli-
ciori regimine Romanis Pontificibus civilis princi-
- patus providentissime fuit attributus, quæque adeo
sensit ejusdem tutelam ad ipsam pertinere, ut Sede
olim Apostolica vacante, gravissimis in angustiis,
temporales Romanæ Ecclesiæ possessiones omnes

Constantiensis Concilii Patres, uti ex publicis patet
documentis, in unum administrarent ; id postulant
Christi fideles per omnes terrarum orbis regiones dis-
persi, qui libere ad Te venire libereque conscientiæ
suæ consulere gestiunt ; id denique ipsa civilis de-
poscit societas, quæ ex Tui regiminis subversione
sua ipsa nutare sentit fundamenta.

Sed quid plura ? Tu tandem aliquando scelestos
homines et bonorum ecclesiasticorum direptores
justo judicio damnans, omnia quæ patraverant
« irrita et nulla » proclamasti ; actus omnes ab
iis intentatos « illegitimos omnino et sacrilegos »
esse decrevisti ; ipsosque talium facinorum reos
pœnis et censuris ecclesiasticis obnoxios jure ac
merito declarasti.

Hos tam graves Tui oris sermones, tamve præclara gesta nostrum est reverenter excipere, iisque
plenum assensum renovare. Sicuti enim corpus capiti, cui jungitur membrorum compagine unaque
vita, in omnibus condolet, ita nos Tecum consentire
necesse est. Tibi in omni Tua ac acerbissima afflic-
tione, sic conjungimur, ut quæ Tibi pati contin-
gat, eadem et nos, amoris consensu, patiamur.
Deum interea supplices invocamus, ut tam iniquæ
rerum perturbationi finem ponat, Ecclesiamque
Filii sui sponsam, tam misere expoliatam ac op-

pressam pristino decori ac libertati restituat.

Sed mirum nobis non est tam acriter et infense Sedis Apostolicæ jura impeti et impugnari. Jam enim a pluribus annis, eo devenit nonnullorum hominum insania, ut non amplius singulas Ecclesiæ doctrinas rejicere, vel in dubium revocare conentur; sed totam penitus veritatem christianam, christanamque rempublicam funditus evertere sibi proponant. Hinc impiissima tentamina vanæ scientiæ falsæque eruditionis contra Sacrarum Litterarum doctrinas, ipsarumque inspirationem; hinc malesana sollicitudo juventutem Ecclesiæ matris tutelæ subtractam quibusvis sæculi erroribus, vel seclusa sæpius omni religiosa institutione, imbuendi; hinc novæ eæque perniciosissimæ de sociali, politico æque ac religioso rerum ordine theoriæ, quæ impune quaquaversus sparguntur; hinc multis familiare, in his præsertim oris, Ecclesiæ auctoritatem spernere, jura sibi vindicare, præcepta proculcare, ministros vilipendere, cultum deridere, ipsos de religione errores, imo ecclesiasticos quoque viros in perditionis viam misere abeuntes laudare ac in honore habere. Venerabiles Antistites ac Dei Sacerdotes exauctorantur, exulare coguntur, aut in carceres detruduntur; quinimo ante tribunalia civilia, pro constantia in sacro ministerio obeundo, contumeliose pertrahuntur. Gemunt Christi Sponsæ suis expulsæ tectis, inedia fere consumptæ, vel cito consumendæ; viri religiosi ad sæculum inviti remeare coguntur; sacro Ecclesiæ patrimonio violentæ manus injiciuntur; pessimorum librorum, ephemeridum et imaginum colluvie, fidei, moribus, veritati, ipsi verecundiæ continuum asperrimumque bellum infertur.

Sed qui talia moliuntur optime norunt in Sancta Sede, velut in arce inexpugnabili, robur ac vires omnis veritatis ac justitiæ inesse, quibus retundantur hostium impetus : ibi esse speculam, ex qua vigiles Summi Custodis oculi paratas insidias a longe conspiciunt, suis annuntiandas commilitonibus. Hinc odium implacabile, hinc insanabilis livor, hinc continuum scelestissimorum hominum studium, ut Sanctam Romanam Ecclesiam ejusque Sedem deprimant, ac si fieri unquam posset, prorsus exscindant.

Quis, Beatissime Pater, talia conspiciens, vel etiam recensita audiens, sibi temperet a lacrymis? Justo igitur dolore correpti oculos ac manus ad cœlos levamus, Divinum illum Spiritum toto mentis affectu implorantes, ut qui hac die olim nascentem Ecclesiam sub Petri regimine sanctificavit et roboravit; eam nunc, Te Pastore, Te Duce, tutetur, ampliet ac glorificet. Testis sit votorum quæ nuncupamus, Maria per Te Immaculatæ titulo hoc ipso in loco solemniter aucta ; testes hi sacri cineres quos veneramur Sanctorum Romanæ Ecclesiæ Patronorum Petri et Pauli ; testes venerandæ exuviæ tot Pontificum, Martyrum ac Confessorum, quæ hanc ipsam, quam premimus terram, sanctam reddunt ; testes tandem præcipue nobis adstent Sancti isti, qui Cœlitum Ordini hac ipsa die supremo Tuo judicio adscripti, hodie Ecclesiæ tutelam novo titulo sunt suscepturi, primasque omnipotenti Deo preces pro Tua quoque incolumitate suis de altaribus oblaturi.

Adstantibus igitur istis omnibus, nos Episcopi, ne illud impietas vel ignorare simulet, vel audeat denegare, errores quos Tu damnasti, damnamus, doctrinas novas et peregrinas, quæ in damnum Ecclesiæ Jesu Christi passim propalantur, detestamur et rejicimus ; sacrilegia, rapinas, immunitatis ecclesiasticæ violationes, aliaque nefanda in Ecclesiam Petrique Sedem commissa reprobamus et condemnamus.

Hanc vero protestationem quam publicis Ecclesiæ tabulis adscribi petimus, Fratrum etiam nostrorum qui absunt nomine, tuto proferimus ; sive eorum qui, tot inter angustias vi detenti domi hodie silent ac plorant; sive qui gravibus negotiis, aut adversa valetudine impediti, nobiscum hodie adesse nequiverunt. Jungimus insuper nobis fidelem nostrum Clerum ac populum, qui eodem ac nos in Te amore, eadem pia reverentia animati, suum in Te studium, qua precibus sine intermissione fusis, qua opibus in Obulo S. Petri mira, ut plurimum largitate oblatis luculentissime comprobarunt, probe scientes sacrificiis suis id quoque curari, ut dum necessitatibus Supremi Pastoris consulitur, simul et ejusdem libertati servandæ prospiciatur.

Utinam ad communem hanc totius Orbis christiani, imo omnis socialis ordinis causam in tuto locandam universi populi conspirarent!

Utinam intelligerent erudirenturque reges et sæculi potestates, causam Pontificis omnium principum regnorumque esse causam, et quo tendant nefarii adversariorum ejus conatus, ac tandem *novissima providerent!*

Utinam resipiscerent infelices illi aliquot ecclesiastici et religiosi viri, qui vocationis suæ immemores, debitam Ecclesiæ Præsulibus obedientiam denegantes, atque ipsum quoque Ecclesiæ magisterium temere usurpantes, in viam perditionis abierunt!

Hoc a Domino Tecum flentes, Beatissime Pater, enixe atque ex corde exoramus, dum ad tuos sacros pedes provoluti, a Te robur cœleste expetimus, quod Apostolica ac Paterna Benedictio tua valet impertire. Sit hæc copiosa et ex intimis penetralibus cordis Tui largiter effluens, ut non tantum nos, sed absentes quoque dilectissimos Fratres itemque Fideles nobis commissos irriget ac perfundat. Sit talis quæ nostros et totius Orbis dolores leniat et demulceat, infirmitatem sublevet, operam ac laborem fœcundet, feliciora demum Ecclesiæ Sanctæ Dei tempora acceleret.

Romæ hac die viii mensis junii anno Domini MDCCCLXII.

HOMMAGE

A NOTRE SAINT-PÈRE LE PAPE PIE IX.

POEME.

O père des chrétiens ! ô vous qui, sur la terre,
    Du Seigneur enseignez la loi !
En qui nous vénérons l'auguste caractère
    De premier pontife et de roi ;

Défenseur de la foi, que Dieu dans sa sagesse,
    Au grand jour de votre onction,
Rendit juge infaillible et qui devez sans cesse
    Tenir le sceptre dans Sion ;

Au moment où l'impie a de nouveau l'audace
    D'élever contre vous la voix,
Et pour vous attaquer aspire à prendre place
    Jusque dans le conseil des rois ;

Daignez de nos accents recevoir l'humble hommage ;
Tout indignes qu'ils sont d'exalter vos grandeurs,
Nous vous les présentons comme un sincère gage
Du profond amour de nos cœurs.

I

Complots et Promesses.

> Quare fremuerunt gentes et populi
> meditati sunt inania? (Ps. ii.)

Tel qu'un mont escarpé, bruni par les orages,
Dont l'imposante cime entr'ouvrant les nuages,
Par-dessus d'autres monts s'élève jusqu'aux cieux ;
Tel le trône papal, sous l'égide de Pierre,
Toujours environné de gloire et de lumière,
Apparaît sublime à nos yeux.

Qu'un Brennus vienne encor, enflé de sa puissance,
Jeter insolemment son fer dans la balance,
Il ne prévaudra pas contre l'oint du Seigneur;
Superbes conquérants, politiques habiles,
Vous dicterez des lois, vous soumettrez les villes :
Mais à lui vous tous rendrez honneur.

Fiers de l'humble respect que votre force inspire,

Sur le monde on vous voit régner avec empire ;
Dans l'éclat d'un grand nom, la noblesse du sang,
La valeur belliqueuse ou la rare prudence,
Vous avez à l'envi mis votre confiance ;
    Lui, dans le bras du Tout-Puissant.

Quels sont donc vos projets, ô maîtres de la terre ?
Et vous, peuples, pourquoi cette perfide guerre,
Ces complots insensés contre l'élu du Ciel ?
Pourquoi persévérer dans l'inique entreprise,
Au mépris de tout droit, de spolier l'Église,
    L'abreuver sans cesse de fiel ?

L'impiété triomphe, et dans leur folle rage
Les méchants ont vomi le blasphème et l'outrage ;
Ils ont dit : C'est notre heure, attendrons-nous encor ?
Le monde trop longtemps a subi son empire,
L'univers aujourd'hui sans lui doit se conduire :
    Arrachons-lui son sceptre d'or.

Dépouillons hardiment au nom de son Dieu même,
De son royal bandeau, le pontife suprême ;
Laissons-lui pour trésor sa houlette et sa foi,
Paraissons en vainqueurs dans le champ de l'Église,
Traitons Jérusalem en nation conquise,
    Détrônons le Pontife-Roi.

Celui dont la puissance aux cieux est infinie,
Dieu se rit de leurs vœux si pleins d'hypocrisie :

Il les accablera du poids de son courroux ;
Ne vous a-t-il pas dit : Mon fils, régnez sans crainte,
C'est moi qui vous ai mis sur le montagne sainte,
        Mes yeux seront toujours sur vous?

C'est moi, c'est Jéhovah, c'est moi qui le proclame,
J'humilierai les forts, je briserai leur trame;
Où sont-ils? mais Sion plus belle renaîtra,
Jérusalem des rois sucera la mamelle,
Le monde, en contemplant sa splendeur immortelle,
        Dans la crainte m'adorera.

La voyez-vous Sion, à travers tant d'orages,
Triomphante et du monde obtenant les hommages?
Quelle paix ! quel bonheur règne dans ses parvis!
Pontife que le ciel remplit de sa sagesse,
Dans la prévision de ces jours d'allégresse,
        Consolez, calmez nos esprits.

Oui, père saint, parlez du haut de votre trône ;
Dans l'immense péril qui partout l'environne,
L'univers a besoin d'entendre votre voix.
Parlez au nom du Christ ; et que votre parole
Volant comme l'éclair de l'un à l'autre pôle,
        Guide les peuples et les rois.

Il a parlé !... Debout, arbitres de la terre,
Que du Dieu tout-puissant la crainte salutaire
Vous fasse exécuter ses suprêmes desseins.

De son oint hâtez-vous de prendre la défense,
Sinon de ce grand Dieu redoutez la vengeance,
Craignez l'abandon de ses saints.

II

Les Papes et l'Histoire.

> Vicerunt regna, operati sunt justi-
> tiam, adepti sunt promissiones, obtu-
> raverunt ora leonum. (*Epître aux
> Hébreux*, ch. xi.)

Mentons, dit le pervers ; mais la voix de l'histoire,
    Après bientôt vingt siècles révolus,
Fait connaître, en dépit des méchants confondus,
Des pontifes romains la grandeur et la gloire.
    Elle nous montre tour à tour
Les générations, en passant sur la terre,
Témoigner à celui qu'elles nomment leur père
    Et leur respect et leur amour.

Depuis l'heure où le Christ, de sa bouche adorable,
Eut dit à Barjona : Puisque tu crois en moi,
    Comme sur un roc immuable,
Je ferai reposer mon Église sur toi.
    Depuis cette ferme promesse,

L'hitsoire aime à montrer dans son livre immortel
    Des papes la haute sagesse,
Attirant l'univers sous leur joug paternel.

Elle peint à nos yeux la vaine résistance
    Des Césars contre le Dieu fort ;
Ils croyaient de sa voix étouffer la puissance,
En livrant Anaclet et Clément à la mort.
Les fureurs des bourreaux épouvantaient le monde ;
    Mais Dieu voulait, dans ses desseins,
Que teinte de leur sang cette terre féconde
Échût en héritage à ses pontifes saints.

Encore quelques jours, et la chaire de Pierre,
    Centre de l'Église de Dieu,
Paraîtra comme un trône éclatant de lumière
Et fera pénétrer ses bienfaits en tout lieu.
Rome ne sera plus la ville impériale
Qui jetait ses enfants sous la dent des lions,
Mais le siége béni de la gloire papale,
    La maîtresse des nations.

—

Cependant Attila va ravageant la terre ;
Quelle innombrable armée obéit à sa voix !
    Malheur à vous, peuples et rois,
C'est le fléau de Dieu, l'ange de sa colère ;
Tu voulus secourir ceux qu'il a menacés,

Rome, ta perte est résolue,
Vingt peuples s'enfuyent à sa vue,
Le barbare vers toi s'avance à pas pressés.

Qui pourra t'arracher à ce péril extrême ?
Sera-ce ton sénat ou ton fier empereur ?
Ils semblent n'avoir plus ni force ni valeur.
Ah ! ce sera Léon, le pontife suprême !
Tandis qu'Attila furieux
Tenait, pour te frapper, la main déjà levée,
L'imposante tiare étincelle à ses yeux,
Il s'arrête !... Rome est sauvée !...

L'insigne puissance des rois,
O pontifes sacrés, déjà vous accompagne,
Lorsque l'illustre Charlemagne
Soumet la Pentapole et Ravenne à vos lois.
En vain vous l'oubliez, persécuteurs injustes,
Qui du pape aujourd'hui convoitez les États ;
Vingt siècles vous disent : Ingrats,
Pourquoi fouler aux pieds les droits les plus augustes ?

Telle pour les Hébreux, à travers les déserts,
La colonne de feu qui guidait leur voyage ;
Telle pendant le moyen âge,
Rome, divin fanal, éclaira l'univers ;
Et lorsque du croissant l'étendard sacrilége
Insultait à l'Europe et souillait les lieux saints,
L'Europe, à la voix du saint-siége,
Allait venger le Christ et sauver ses destins.

Honneur, honneur à la mémoire
De ces grands fondateurs de nos sociétés ;
Des Innocent et des Grégoire,
Dans les siècles sans fin que leurs noms soient chantés.
Que le courage saint, la liberté, les lettres,
Dans les Jules, les Médicis,
Célèbrent à l'envi leurs pères et leurs maîtres
Et les vengeurs de leur pays.

Honneur, gloire à la ville sainte,
Au rendez-vous sacré de toutes les grandeurs ;
Ministres, rois, ambassadeurs,
Apportez l'or dans son enceinte.
C'est le temps où du monde entier
Les grands talents, les beaux-arts, le génie,
Se dirigent vers l'Italie,
Pour aller s'échauffer à ce divin foyer.

Tandis que de ses saints Dieu reçoit la louange,
Pullulent, sur ce mont béni,
Les Raphaël, les Michel-Ange ;
De chefs-d'œuvre par eux l'univers s'enrichit.
De tous les bords connus, quel concert unanime
De respect et d'amour monte vert le saint lieu,
Et le pape, du haut de son trône sublime,
Bénit le monde au nom de Dieu.

Ainsi Rome voyait à ce triomphe immense
Tous les peuples associés,

Sans cesse apporter à ses pieds
Le tribut empressé de la reconnaissance.
    Et si de quelque nation
Le bras devait veiller sur la tête de Pierre,
    La France s'offrait la première
    Pour cette haute mission.

—

Des rives du Weser, quelle clameur horrible
    Dans Rome excite la terreur !
Un indigne apostat, dans sa haine inflexible,
Arbore avec orgueil le drapeau de l'erreur ;
Mais vous, toujours armé des divines promesses,
O Pierre, vous levez l'étendard de la foi,
    Et sous vos foudres vengeresses
Le monstre a reculé plein de trouble et d'effroi.

Quel orage nouveau répand d'autres alarmes ?
O France, dans ton sein que d'échafauds dressés !
Pleurez, mes yeux, pleurez des fontaines de larmes,
Je vois de toutes parts les autels renversés.
Je vois à la lueur de l'horrible tempête,
    Dans Rome aussi briller des fers ;
Pour l'auguste captif une prison s'apprête,
Le vieillard dans Valence achève ses revers.

Héritier de son nom, plein du même courage,
L'illustre successeur, à Savone interné,

Étonne l'univers par son ferme langage,
Oppose ses refus au vainqueur couronné.
Libre dans ses liens sur la terre étrangère,
Il voit les nations, en lui tendant les bras,
S'efforcer d'honorer son divin caractère,
    Baiser la trace de ses pas.

Des pontifes sacrés splendide galerie,
Ils tombaient sous l'effort de leurs persécuteurs,
Mais de l'orgueil humain sanglante raillerie,
Ils tombaient, ils mouraient, mais demeuraient vain-
Tour à tour repassant, éternelle merveille,   [queurs.
Du trône dans les fers, du Calvaire au Thabor ;
    Honnis, crucifiés la veille,
    Le lendemain vivant encor.

III

Pie IX.

Duc in altum. (*Saint Luc*, ch. v, 4.)

Quinze ans déjà passés, au sein de l'Italie,
Comme un gage d'espoir, d'une aurore bénie
    Brillait le lever radieux.
Des rivages du Tibre aux plaines de Florence,

Des cimes du Mont-Blanc aux champs aimés de France,
    L'écho retentissait joyeux.

Quel heureux jour pour Rome et pour la terre entière,
Quand Pie IX apparut sur la chaire de Pierre,
    Le front ceint du bandeau sacré !
L'univers tressaillit d'espérance et de joie;
C'est un père, dit-il, que le Ciel nous envoie
    Dans ce pontife révéré.

Perçant de son regard l'obscurité profonde
Qui dérobe au présent l'âge futur du monde,
    Impérissable souvenir !
Sans trembler, il ouvrit d'une main généreuse,
Aux peuples en suspens, la phase merveilleuse
    D'un heureux et bel avenir.

Vains esprits, qui croyez qu'au progrès des lumières
L'Église se complaise à mettre des barrières,
    Quelle ne fut pas, dites-nous,
De vos préventions l'invincible surprise,
Quand Pie IX, révélant sa sublime devise,
    Fit entrevoir des jours si doux ?

Cependant, ô malheur ! dans leur haine insensée,
Les pervers n'ont pas craint, à sa noble pensée,
    D'opposer leur cœur endurci !
Et toi de ses conseils, confident magnanime,
Tu devais du poignard devenir la victime,
    O trop infortuné Rossi !

Que vois-je? du palais l'enceinte profanée !
Sur les degrés sanglants la foule forcenée !
        Rome, sont-ce là tes enfants ?
Quittez ces lieux ; fuyez, ô successeurs de Pierre !
Fuyez, et de vos pieds secouez la poussière,
        Les Mazzini sont triomphants.

Gaële, que ton nom soit béni d'âge en âge,
Généreuse cité qui, durant cet orage,
        Accueillit l'illustre exilé.
Que le Ciel dans ton sein répande l'allégresse,
Toi par qui son grand cœur dans ces jours de détresse
        Fut si noblement consolé.

Du séjour des élus, la divine Marie,
Sous sa puissante égide abritait une vie
        Toute vouée à ses grandeurs.
Elle sauva celui dont bientôt le saint zèle
Ajoutait à sa gloire une splendeur nouvelle,
        L'entourait de nouveaux honneurs.

En tous lieux, pour offrir à la reine des anges
L'hommage mérité de leurs tendres louanges,
        S'unirent les peuples émus,
Et le nom de Pie IX et le nom de Marie,
Dans une consolante et suave harmonie,
        Furent doucement confondus.
Pourquoi, lorsqu'à la paix il invitait la terre,
N'a-t-elle répondu que par un cri de guerre

Au vœu de son cœur paternel ?
Le génie infernal, pour venger ses défaites,
Aurait-il eu l'espoir, en souflant les tempêtes,
De briser son sceptre immortel ?

A tous les horizons, voyez, l'orage gronde,
Tout bras semble impuissant à contenir le monde,
Ce monde qu'il voulait servir,
Et qui, prêt d'abuser d'un dessein si sublime,
Veut, en le débordant, se jeter dans l'abîme
D'où le Christ l'a fait sortir.

Mais lui, pilote ferme au fort de la tourmente,
Il demeure impassible, et de sa main puissante
Des flots il comprime l'élan.
Que les rois incertains s'égarent dans le doute,
Un Dieu vers lui s'incline et lui trace sa route
A travers l'immense Océan.

Allez, lui dit le Christ, que rien ne vous arrête,
Je veux des nations vous donner la conquête ;
Marchez aux accents de ma voix,
Ne craignez ni l'éclair, ni la foudre qui gronde,
Ni les traits enflammés, ni les trames du monde,
Ni les nations, ni les rois.

Leur attaque jamais n'apparut plus terrible,
Mais contre eux j'ai rendu votre bras invincible,
Votre front plus dur que leur front.

Vicaire de mon Christ, j'ai placé votre trône
Comme un rempart d'airain, une forte colonne;
    Tous, devant vous, ils tomberont.

Hommage, gloire à vous, ô notre auguste père,
Qui pour nous soutenez tant d'assauts sur la terre :
    Vivez, triomphez à jamais.
Qu'à vos droits si sacrés justice soit rendue,
Et que l'impiété, devant vous confondue,
    N'ait qu'à gémir de ses forfaits.

Puisse des souverains le suprême arbitrage,
De saint Pierre à jamais défendre l'héritage
    Contre tout injuste agresseur !
Puisse la France, encor au faîte de la gloire,
Constante dans sa foi, fidèle à son histoire,
    Vous protéger de sa valeur !

Tel que l'astre du jour, triomphant des orages,
Apaise l'ouragan, dissipe les nuages,
    Au ciel s'élance radieux;
Ainsi toujours vainqueur à force de constance,
Père saint, dans la paix, le bonheur, l'espérance,
    Montez, guidez-nous vers les cieux.

LA BARQUE DE PIERRE.

CHANT.

Vogue, vogue!... L'éclair rapide
Au loin porte la terreur ;
Sur la foi du Dieu qui te guide,
Vogue, barque du pêcheur.

Glorieuse reine des âges,
En butte à d'éternels complots,
Ne crains pas les nouveaux orages
Qui soulèvent encor les flots.
Ne crains pas l'enfer qui s'apprête
A souffler le trouble et la mort ;
Ne portes-tu pas le Dieu fort
Dont la voix calme la tempête ?

Vogue, vogue!... L'éclair rapide
Au loin porte la terreur ;
Sur la foi du Dieu qui te guide,
Vogue, barque du pêcheur.

Tes ennemis dans leur délire
Ont poussé de folles clameurs;
Ils ont dit : Périsse l'empire
Du serviteur des serviteurs.
Ils veulent, du front de leur père,
Arracher le royal bandeau.
Tremblez, coupables! Le Très-Haut
Vous châtiera dans sa colère.

> Vogue, vogue!... L'éclair rapide
> Au loin porte la terreur;
> Sur la foi du Dieu qui te guide,
> Vogue, barque du pêcheur!

Depuis le jour où la victoire
Mit ta croix sur ses étendards;
Où l'éclat divin de ta gloire
Confondit l'orgueil des Césars,
Quelle majesté t'accompagne!
Qu'ils sont beaux tes saints conducteurs,
Sous les boucliers protecteurs
De Constantin, de Charlemagne!

> Vogue, vogue!... L'éclair rapide
> Au loin porte la terreur;
> Sur la foi du Dieu qui te guide,
> Vogue, barque du pêcheur.

Où sont-ils les tyrans farouches
Qui s'élevèrent contre toi,

Et forcèrent toutes les bouches
A blasphémer contre la foi?
Où sont ces anges des ténèbres,
Dont les sacriléges écrits,
Poison corrupteur des esprits,
Furent si tristement célèbres?

Vogue, vogue!... L'éclair rapide
Au loin porte la terreur;
Sur la foi du Dieu qui te guide,
Vogue, barque du pêcheur.

Le temps qui frappa d'anathème
Et ces méchants et leurs travaux,
Attend à sa barre suprême
Ceux qui causent encor tes maux.
Achevez, race criminelle,
Qui remplissez Sion de deuil;
Vous emporterez au cercueil
Une ignominie éternelle.

Vogue, vogue!... L'éclair rapide
Au loin porte la terreur;
Sur la foi du Dieu qui te guide,
Vogue, barque du pêcheur.

Puisse la divine lumière
Vous assister dans vos congrès,
O vous, arbitres de la terre,
Qui balancez ses intérêts!

Puisse une salutaire crainte
Dans vos cœurs descendre soudain,
Au jour suprême où votre main
Oserait toucher l'Arche sainte !

Vogue, vogue !... L'éclair rapide
Au loin porte la terreur ;
Sur la foi du Dieu qui te guide,
Vogue, barque du pêcheur.

La terre entière, d'âge en âge,
Honorera tes défenseurs ;
On la verra leur rendre hommage
Comme à ses plus grands bienfaiteurs.
Et toi, conservant dans ta gloire
De leurs bienfaits le souvenir,
Tu ne cesseras de bénir
Leur impérissable mémoire.

Vogue, vogue !... L'éclair rapide
Au loin porte la terreur ;
Sur la foi du Dieu qui te guide,
Vogue, barque du pêcheur.

O Rome, dont les clartés vives
Dissipent la nuit de l'erreur !
Rome, qui sur toutes les rives
Etends le règne du Seigneur,
Justice enfin te soit rendue !
Puisses-tu voir tes maux finis !

Puissions-nous de tes ennemis
Voir l'impiété confondue !

Vogue, vogue!... L'éclair rapide
    Au loin porte la terreur;
Sur la foi du Dieu qui te guide,
    Vogue, barque du pêcheur.

FIN.

TABLE DES MATIÈRES.

FIN DE LA TABLE.

Corbeil, typ. et stér. de Crété.

www.ingramcontent.com/pod-product-compliance
Ingram Content Group UK Ltd.
Pitfield, Milton Keynes, MK11 3LW, UK
UKHW021917070726
13614UKWH00001B/87